JUST.
SYSTEMS

まるごと活用！
一太郎2021
基本&作例編

ジャムハウス編集部［編］

かしこい
日本語。
ATOK

Jam House

■本文中のキー表記については、基本的にWindowsパソコンでのキーボード（日本語106キーボード）で表示をしています。なお、日本語対応のキーボードではない場合、本書中で解説している機能が実行できないことがありますので、ご注意ください。

■キーボード上でのキーは、Escのように囲んで表記しています。

■キーを「＋」でつないでいる場合は、2つあるいは3つのキーを同時に押しながら操作をすることを示しています。たとえば、Shift＋Aの場合は、Shiftキーを押しながらAキーを押すという動作を示します。

■マウス操作については、「クリック」と表記されている場合、左ボタンでのクリックを表しています。右ボタンでのクリックは「右クリック」と表記しています。

■本書中の画面はWindows 10、一太郎2021の環境で作成しました。

■本書では、特に注釈のない場合、一太郎の画面や操作環境は初回起動時の設定で解説しています。

■本書では、ジャンプパレットやツールパレットは解説内容に応じて表示／非表示を切り替えていることがあります。

■本書では、解説内容に応じて画面表示の解像度や倍率を変更している図版があります。そのため記載されている画面表示と実際の操作画面で、多少イメージが異なる場合があります。操作上の問題はありませんので、ご了承ください。

■インターネットに関係する機能は、サービス内容および画面が随時変更になる場合がありますので、ご了承ください。

●「一太郎2021」「一太郎Pad」「ATOK for Windows」「花子2021」「JUST Calc 4 /R.2」「JUST Focus 4 /R.2」は、株式会社ジャストシステムの著作物であり、それぞれにかかる著作権、その他の権利は株式会社ジャストシステムおよび各権利者に帰属します。

●「一太郎」「一太郎Pad」「ATOK」「推測変換」「VoiceATOK」「詠太」「花子」「JUST PDF」「JUST Calc」「JUST Focus」は、株式会社ジャストシステムの登録商標または商標です。

●Microsoft、Windows、Excel、PowerPoint、Outlookは、米国Microsoft Corporationの米国およびその他の国における登録商標です。

●『新明解国語辞典 第八版』および『新明解類語辞典』の著作権は別記編者と株式会社三省堂に帰属します。

●『新明解』は株式会社三省堂の商標または登録商標です。

●Microsoft Corporationのガイドラインに従って画面写真を使用しています。

●UnicodeはUnicode, Inc.の商標です。

●Apple、Appleロゴiphoneは、米国その他の国で登録されたApple Inc.の商標です。

●iPadOSはApple Inc.の商標です。

●App Storeは、米国その他の国で登録されたApple Inc.のサービスマークです。

●IOSは、Ciscoの米国およびその他の国における商標または登録商標であり、ライセンスに基づき使用されています。

●「Google」、「Google」ロゴ、「Google Play」、「Google Play」ロゴ、「Android」、「Android」ロゴ、「Google Pixel 3 XL」とそれぞれのロゴは、Google LLCの商標または登録商標です。

●「LINE」は、LINE株式会社の商標または登録商標です。

●「Facebook」は、Facebook,inc.の登録商標です。

●「Wi-Fi」は、Wi-Fi Allianceの登録商標です。

●QRコードは、株式会社デンソーウェーブの登録商標です。

●「フォントワークス」はフォントワークス株式会社の登録商標です。

●その他記載された会社名、製品名等は、各社の登録商標です。

●本文中には、®及び™マークは明記しておりません。

Contents

一太郎2021の新機能

一太郎2021は、全方位にまんべんなくパワーをアップ。スタイル・テンプレートも刷新し、時代に即した見栄えのする文書作成が可能になりました。引用・出典の入力に特化した新機能を追加。ビジネス文書向けの文書校正も登場し、TPOに応じた文書作成をサポートします。一太郎Padでは、一太郎との連携を強化し、スマホとパソコンの双方向型の編集ができるように。ATOKは、校正支援機能で"市"に着目した「実在しない地名指摘」が可能になるなどの機能強化が図られています。

1 ▶ スマートフォンの活用でさらに広がる文書作成

スマートフォン・タブレット専用メモアプリ「一太郎Pad」は、写真を自動でテキストに変換できるほか、キーボードや音声入力を使ってメモを作成できます。一太郎2021では、一太郎Padアプリとの連携をさらに強化しました。

1-1 ▶ 一太郎2021から一太郎Padへデータ送信 NEW!

一太郎Padから一太郎へテキストデータを送るだけでなく、一太郎で編集中の文書を一太郎Padにテキストデータのメモとして送信できるようになりました。双方向でのやり取りが可能です。

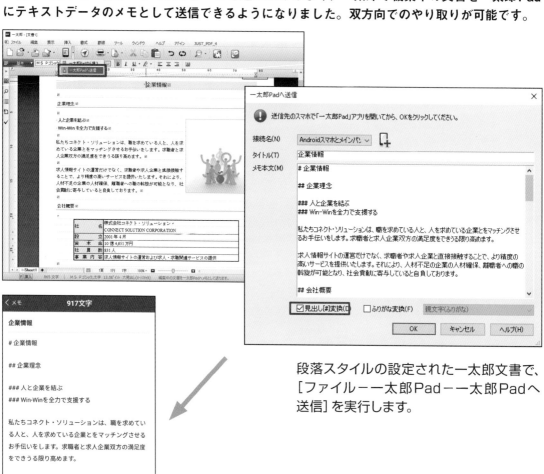

段落スタイルの設定された一太郎文書で、[ファイル－一太郎Pad－一太郎Padへ送信]を実行します。

[見出し[#]変換]をオンにして送信すると、見出しの段落スタイルが設定された段落の先頭に「#」が付加されます。「#」の付いた見出しは、一太郎Padから一太郎にメモを送信するときに、見出しの段落スタイルに変換できます。

※「一太郎Pad」アプリは、App Store、Google Playからダウンロードできます。

1-2 一太郎Padから一太郎2021へデータ転送 UP↗

一太郎Padのメモは、日本語文書として最適な形で一太郎2021に取り込むことができます。一太郎2021では新たに、一太郎Padのメモのタイトルや「#」と半角スペースが行頭に入力されている行に、自動的に段落スタイルを設定することができるようになりました。

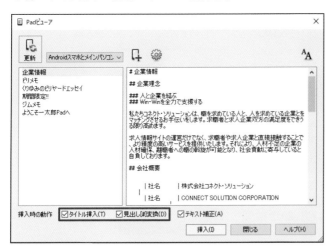

[タイトル挿入]をオンにするとメモのタイトルが段落スタイルの「文書タイトル」に、[見出し[#]変換]をオンにすると「#」を先頭に付けた段落に見出しのスタイルが設定されます。タイトルや見出しがスタイルセットですぐに整います。

1-3 一太郎2021に挿入時に不要な改行をまとめて削除 NEW!

[Padビューア]で[テキスト補正]をオンにすると、全角・半角変換、行頭の字下げなどを自動的に処理してくれます。一太郎2021では、不要な改行をまとめて削除することもできるようになりました。

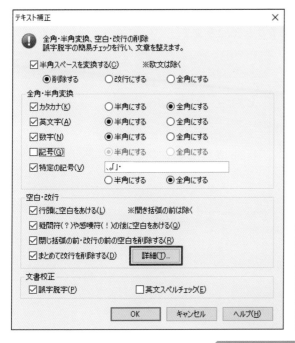

[まとめて改行を削除する]の 詳細 をクリックすると、改行をすべて削除するか、指定した行数だけ残すかといったような設定もできます。

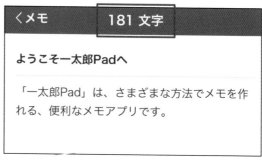

1 - 4 「省入力ツール」がさらに便利に UP↗

一太郎Padでの文字入力をアシストしてくれる「省入力ツール」がさらに便利になりました。5種類のボタンセットを用意しており、用途により切り替えて使用することができます（P.93ページ参照）。

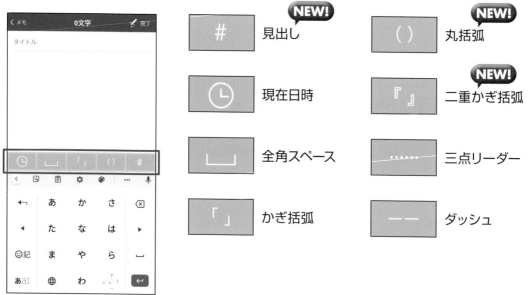

#	見出し **NEW!**	( ) 丸括弧 **NEW!**
🕐	現在日時	『 』 二重かぎ括弧 **NEW!**
⎵	全角スペース	……… 三点リーダー
「 」	かぎ括弧	―― ダッシュ

1 - 5 メモ本文の文字数を表示 UP↗

一太郎Padでメモ本文の文字数を表示することができるようになりました。原稿やレポートなど、文字数を気にしながら文章を書くときに役立ちます。［設定－文字数］で、全角スペース、半角スペース、改行を文字数に含めるかどうかも設定することができます。

［設定－文字数］で、文字数を表示するかどうか、スペースを数えるかどうかなどを設定できます。

文字数が表示されます。

1-6　メモ画面の文字サイズも選択可能に

iOSで一太郎Padを使用している場合は、メモ画面の文字サイズが選択できます。特大、大、中（標準）、小の4サイズから選べます。見やすい文字サイズにすることで、**執筆**がはかどります。

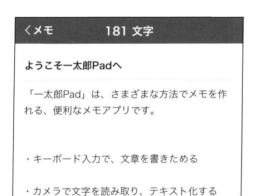

特大

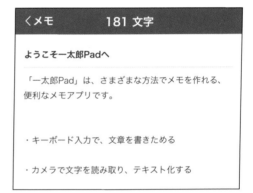

大

中（標準）

小

1-7　QRコードを作成 NEW!

一太郎2021では、QRコードを作成することができるようになりました。画像として文書に挿入することができます。

［挿入－絵や写真－QRコード］でURLや文章をQRコードに変換できます。使用する大きさによって適切なサイズで作成できます。

2　スタイル・デザインを一新

今まで文書スタイルの初期設定のフォントは「MS明朝」でしたが、一太郎2021では、Windowsの標準フォント「游明朝」となりました。読みやすく美しい仕上がりの文書が完成します。

2 − 1　文書のスタイル設定を「游明朝」「游ゴシック」中心に　UP↗

文書スタイルの初期設定はもちろん、あらかじめ登録されているビジュアルスタイルや、きまるスタイル、スタイルセット、文字・段落スタイルも、「游明朝」「游ゴシック」中心に変更しています。

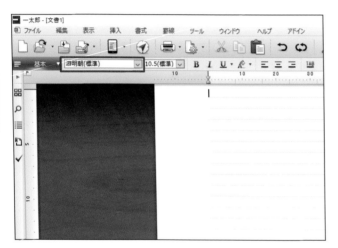

文書スタイルのフォントの初期設定が「游明朝」となりました。

きまるスタイルや段落スタイル、テンプレートなどで使用されているフォントも、「游明朝」「游ゴシック」中心に変更されています。

2-2 個条書きがより美しく UP↗

個条書きの「画像記号」の画質が向上し、リニューアルされました。「文字記号」ではカラーの記号も付けられるようになっています。

● 画像記号 ● 文字記号

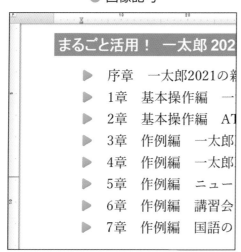

2-3 テンプレートを一新 UP↗

テンプレートを一新しました。フォントの変更に加え、デザインも一新。用途や利用シーンに適したデザインや配色で、表現力が際立ちます。

［ファイル－テンプレートを開く－テンプレートを開く］で、パーソナル向け、ビジネス向けのさまざまなテンプレートが利用できます。

3 著作権に配慮した文書作成

論文やレポートなど、著作権に配慮した文書作成では、引用や出典を適切な形で記述する必要があります。一太郎2021では、引用・参考文献のレイアウト、出典の表記方法などの作法で迷うことなく編集できます。

3-1 引用として貼り付け NEW!

文章を引用する場合は、引用文の長さに応じて、括弧でくくったり、前後に空行を入れ、字下げをするなどして段落として入れたりします。[引用として貼り付け]を利用すれば、迷わずスムーズに作法に従って編集できます。

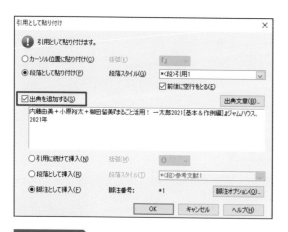

[編集－形式を選択して貼り付け－引用として貼り付け]で、貼り付け方、スタイルを指定して引用文を入力できます。[出典を追加する]をオンにすれば、引用文の出典情報についてもあわせて入れることができます。

3-2 コピー&ペーストでWebページの引用 NEW!

ブラウザーでコピーした文章を、Ctrl＋Vキーで貼り付ける際に、[引用として貼り付け]を実行することができます。正式に引用することで、コピー&ペーストによる文章の無断盗用となることを防ぎます。

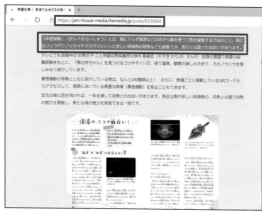

ブラウザーでコピーします。

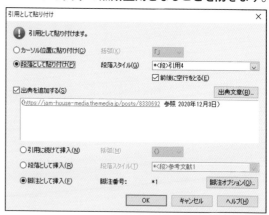

出典情報にURLや参照日を設定した状態で引用として貼り付けることができます。

3-3 ▶ 出典の挿入 NEW!

出典を記入する場合は、文献の種類や形式により、項目の表記方法や並び順に複雑なルールがあります。[挿入－出典]を利用すれば、項目を入力していくだけで自動整形された出典を挿入することができます。

[種類]と[形式]を設置し、情報を入力するだけで、適切な形で出典を入力できます。

3-4 ▶ 出典を脚注に UP↗

出典は一般的に脚注として表示されることも多いため、[脚注]で出典を設定できるようにしました。

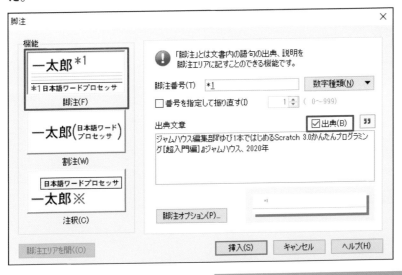

[挿入－脚注/割注/注釈]の[脚注]で、[出典]をオンにすると、出典情報を設定できます。

4　ビジネスシーンの日本語文書

ビジネス文書では、正確かつ簡潔に情報を伝えることが求められます。一太郎2021では、新たに文書校正に[ビジネス文]を用意しました。

4-1　ビジネス文書の校正　NEW!

校正設定に[ビジネス文（だ・である）]と[ビジネス文（です・ます）]を追加しました。ビジネス文特有のよくある間違い、不適切な言い回しなどをチェックできます。

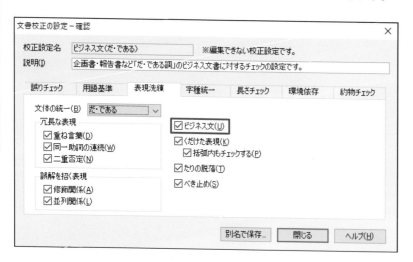

[ツール−文書校正−文書校正の設定]の[ビジネス文（だ・である）]と[ビジネス文（です・ます）]では、[表現洗練]シートの[ビジネス文]がオンとなっています。

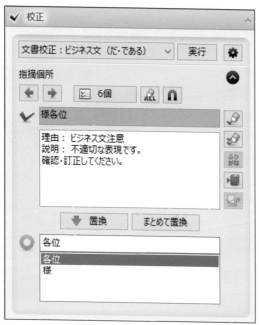

「ご担当者様各位」や「社長様」といった誤った表現、間違いではないがビジネスの場では不適切な言い回し、ビジネス文として注意が必要な表現などをチェックできます。

4-2 ▶ 前株・後株をチェック NEW!

株式会社には、社名の前に「株式会社」が付く前株と、社名の後ろに「株式会社」が付く後株があります。前株と後株を間違えるのは相手に大変失礼であるだけでなく、契約などに支障を来す場合もあります。この前株、後株を文書校正でチェックすることができます。

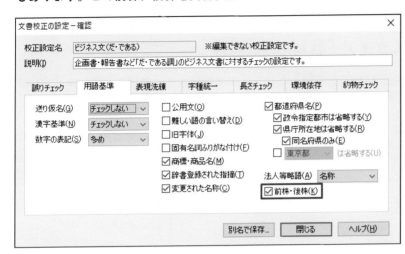

[ツール－文書校正－文書校正の設定] の [用語基準] シートで [前株・後株] をオンにします。

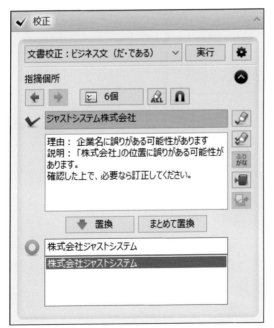

前株と後株を間違えていると指摘されます。
※2020年11月4日時点、EDINET 閲覧サイト
(https://disclosure.edinet-fsa.go.jp/)
で公開されている上場企業を対象としています。

5 ▶ 教育現場でいきる日本語文書

学校向けのスタイルやテンプレートを新たに追加しました。読みやすく教育現場に適した「UDデジタル教科書体」をベースにデザインされています。

5-1 ▶ きまるスタイル「教材」 NEW!

「きまるスタイル」に「教材」カテゴリーを追加しました。小学校低学年・中学年・高学年、中学校向けの教材用スタイルを、あわせて60点搭載しています。

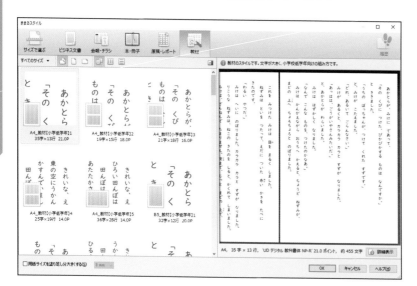

目安となる学年を含んだタイトルになっているので、すばやく設定できます。

あかとらが、みけに であって、

「その くびに つけた、ぴかぴかする ものは なんですか。」

と、ききました。

「うちの ぼっちゃんが、つけて くれた すずです。」

と、みけが こたえました。

「どれ、あるいて ごらんなさい。」

みけが あるくと、カラカラ カラと すずが なりました。

「あっは、あかとらが わらいました。

みけは はずかしく なりました。

「なんで こんな ものを、つけたのかなあ」

みけは かんがえながら おうちへ かえると、ちょうど ねずみが、

B5_教材【小学低学年】1

---

① えいたさんは おりがみを 8まい、かんたさんは 7まい もっています。

あわせて なんまい ありますか。

しき

こたえ＿＿＿＿＿まい

② こうえんに こどもが 17にん います。

9にん かえりました。

のこりは なんにんに なりましたか。

しき

こたえ＿＿＿＿＿にん

③ たろうさんは あめを 6こ もっています。

7こ もらいました。

あめは ぜんぶで なんこに なりましたか。

しき

こたえ＿＿＿＿＿こ

④ おちばを ひろいました。

いちょうの はを 8まい ひろいました。

もみじの はの ほうが 5まい おおいそうです。

もみじの はは なんまい ひろいましたか。

しき

こたえ＿＿＿＿＿まい

⑤ あさがおが さいて います。

はなこさんの あさがおは 9こ さいて います。

たろうさんの あさがおは、はなこさんより 3こ すくなかったそうです。

たろうさんの あさがおは なんこ さいて いますか。

しき

こたえ＿＿＿＿＿こ

B4_教材【小学低学年】4

5-2 テンプレート「学校」 NEW!

小学校や中学校で使える学校向けのテンプレートを42点搭載しました。教材のほか、お知らせ、学校だよりといったテンプレートも。呼び出してすぐに使えるので便利です。

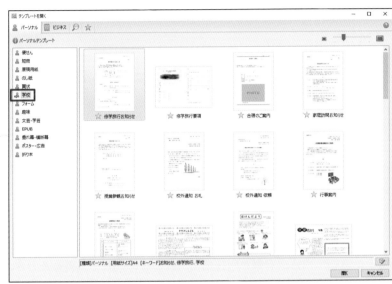

[パーソナル]の[学校]カテゴリーに収録されています。

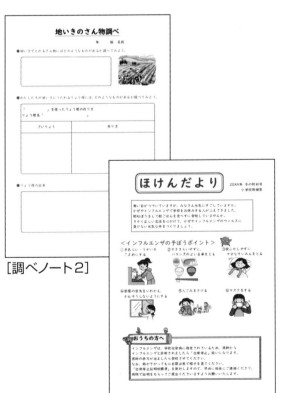

[調べノート2]

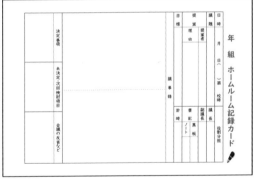

[HR記録カード]

[保健だより1]

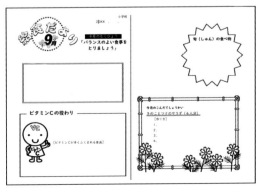

[給食だより]

6　ATOKの新機能

日本語入力システム「ATOK for Windows 一太郎2021 Limited」(以下、ATOK)は、変換エンジンをリニューアル。誤って覚えた地名の組み合わせを指摘したり、見逃した指摘を後から確認したりできるようになりました。

6-1　変換エンジンを刷新　UP↗

ATOKを支える変換エンジン「ATOKディープコアエンジン」が進化しました。チャットツール上などで使われる口頭での会話のような文章を、一般モードでもスムーズに変換できるように対応しました。

助詞が抜けたり、省略語が混ざったり、通常書き言葉では出てこないような表現でも、サッと変換できます。

6-2　実在しない地名の指摘　NEW!

「博多市」「幕張市」などの実在しない"市"や都道府県と所在地が一致しない"市"を入力したとき、誤りを指摘できるようになりました。間違って覚えてしまっていても、ATOKが指摘してくれます。

千葉県幕張市《実在しない地名「→幕張/千葉市/千葉市花見川区幕張町/千葉市美浜区幕張西」》
千葉県幕張
千葉県千葉市
千葉県千葉市花見川区幕張町
千葉県千葉市美浜区幕張西
選択：Tab
先頭を確定：Shift+Enter　　訂正候補　×
あ　圖

実在しない「市」

神奈川県町田市《実在しない地名「神奈川県町田市→東京都町田市」》
東京都町田市
確定：Shift+Enter　　訂正候補　×
あ　圖

所在地が一致しない「市」

6 - 3 　見逃し指摘ビューア　NEW!

ATOKが提示した訂正候補をよく見ていなかったり、気づかずに見逃してしまったりした指摘内容を、変換中の文字を確定した後からでも「校正支援　見逃し指摘ビューア」で確認できます。

<table>
<tr><td>

二の舞を踏む《「二の足を踏む/二の舞を演じる」の誤用》

二の足を踏む
二の舞を演じる
選択：Tab
先頭を確定：Shift+Enter　　　訂正候補　×
あ 🇦🇯 目

</td><td>

ATOKが誤りを指摘します。

</td></tr>
<tr><td>

二の舞を踏む|
☑

</td><td>

訂正しないまま確定した直後に、通知アイコンが表示されます。そのまま入力を続けた場合は、アイコンは消えます。

</td></tr>
</table>

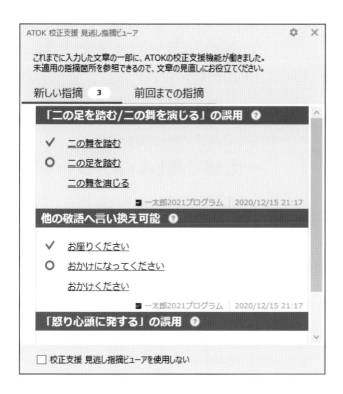

アイコンをクリックすると、[ATOK 校正支援 見逃し指摘ビューア] が表示されます。

ATOK 校正支援 見逃し指摘ビューア　　　⚙ ×

これまでに入力した文章の一部に、ATOKの校正支援機能が働きました。
未適用の指摘箇所を参照できるので、文章の見直しにお役立てください。

新しい指摘　**3**　　前回までの指摘

「二の足を踏む/二の舞を演じる」の誤用　❓

✓　二の舞を踏む
〇　二の足を踏む
　　二の舞を演じる
　　　　　　　💻 一太郎2021プログラム　2020/12/15 21:17

他の敬語へ言い換え可能　❓

✓　お座りください
〇　おかけになってください
　　おかけください
　　　　　　　💻 一太郎2021プログラム　2020/12/15 21:17

「怒り心頭に発する」の誤用　❓

☐ 校正支援 見逃し指摘ビューアを使用しない

一太郎2021の新機能

21

7　一太郎2021 プラチナ

一太郎2021に、「筑紫書体」、「UDフォント」、「新明解国語辞典 for ATOK」、「新明解類語辞典 for ATOK」、そして「花子2021」などを加えたのが「一太郎2021 プラチナ」です。文書作成の幅がぐんと広がります。

● 筑紫書体・UDフォント　全17書体

フォントワークスを代表するフォント「筑紫書体」シリーズから11書体、「UDフォント」シリーズから6書体を搭載しました。また、筑紫書体やUDフォントを使った新しいスタイルセットも10セット用意しています。

FJS-筑紫明朝 Pr6N L

一太郎で美しいフォントを

FJS-筑紫Aオールド明朝 Pr6N L

一太郎で美しいフォントを

FJS-筑紫Aオールド明朝 Pr6N M

一太郎で美しいフォントを

FJS-筑紫Aオールド明朝 Pr6N E

一太郎で美しいフォントを

FJS-筑紫アンティークL明 Std L

一太郎で美しいフォントを

FJS-筑紫A見出ミン Std E

一太郎で美しいフォントを

FJS-筑紫ゴシック Pro B

一太郎で美しいフォントを

FJS-筑紫オールドゴシック Std B

一太郎で美しいフォントを

FJS-筑紫アンティークLゴ Std B

一太郎で美しいフォントを

FJS-筑紫A丸ゴシック Std R

一太郎で美しいフォントを

FJS-筑紫A丸ゴシック Std B

一太郎で美しいフォントを

FJS-UD明朝 Pr6N L

一太郎で美しいフォントを

FJS-UD明朝 Pr6N B

一太郎で美しいフォントを

FJS-UD角ゴ_ラージ Pr6N B

一太郎で美しいフォントを

FJS-UD角ゴ_スモール Pr6N R

一太郎で美しいフォントを

FJS-UD丸ゴ_ラージ Pr6N B

一太郎で美しいフォントを

FJS-UD丸ゴ_スモール Pr6N M

一太郎で美しいフォントを

● 新明解国語辞典 for ATOK

幅広い層から圧倒的な評価を得ている『新明解国語辞典』（株式会社 三省堂）が、「考える辞書」となって９年ぶりに全面改訂。言葉の本質をとらえた鋭い語釈と、それを裏付ける適切な用例を一体化して提示する内容は、文書作成時に適切な言葉を選ぶための強い味方となります。

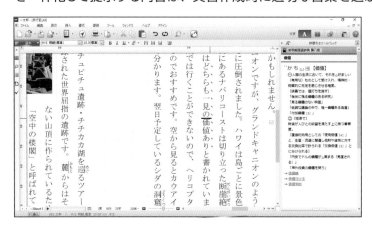

一太郎文書を編集中の場合は、辞書引きツールパレットを利用して意味を調べます。意味を調べたい単語の前にカーソルを移動し、[Ctrl]キーを押します。

● 新明解類語辞典 for ATOK

実生活から執筆、俳句・短歌創作にも役立つ約５万７,０００項目収録の実用類語辞典です。文書作成中に、別の言い回しや他の表現などを調べることができます。

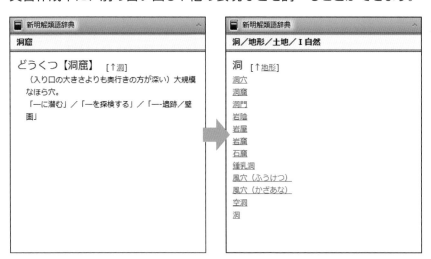

● 詠太11

文書読み上げソフトの詠太は、新たに日本語男性話者「TAKERU」を採用しました。「詠太」史上最多の５話者のラインナップ形成で、これまで以上に快適な音声読み上げを体感できます。

花子2021

統合グラフィックソフトの花子もバージョンアップ。これまでの多機能でやさしい操作性という特徴に加え、「実用性」も向上しました。都道府県ごとの「ご当地ピクトグラム」や、学校行事やイベントなどに役立つ実用部品を多数取り揃え、一太郎文書のビジュアルを大きくサポートします。

JUST PDF 4[作成・編集・データ変換]

PDF作成ソフトのJUST PDFには、一太郎などのアプリケーションからPDFを作成する[作成]、PDFを自由自在に編集できる[編集]のほか、PDFファイルをさまざまなアプリケーションデータに変換できる[データ変換]が搭載されています。

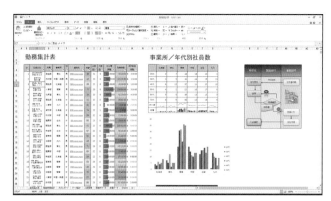

JUST Calc 4 /R.2

Excelと高い互換性を持った表計算ソフトです。Excel形式ファイルの読み込みと保存に対応しています。Excel 2019で新搭載された「関数」、Excel 2016で追加された「ヒストグラム」「パレード図」「箱ひげ図」といったグラフにも対応しています。

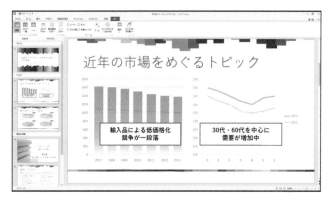

JUST Focus 4 /R.2

PowerPointと高い互換性を持ったプレゼンテーションソフトです。pptx形式のファイルの読み込みと保温に対応しています。すぐれた表現力とテーマや文字の効果などの機能を備えていて、魅力あるプレゼンテーションを演出します。

第1章 基本操作 編

一太郎2021の基本操作

一太郎2021の基本操作を確認しましょう。画面各部の名称を確認し、起動と終了、ファイルの保存や印刷などの方法について説明してます。

そのほか、写真の挿入やコピーと貼り付け、書式の調整など文章作成に役立つ機能も解説しています。

1　一太郎2021　各部の名称

一太郎2021は、左側にジャンプパレット、中央に編集画面、右側にツールパレットが配置されています。それぞれの内容を把握して、効率良く文書を作成しましょう。

基本編集フェーズ画面

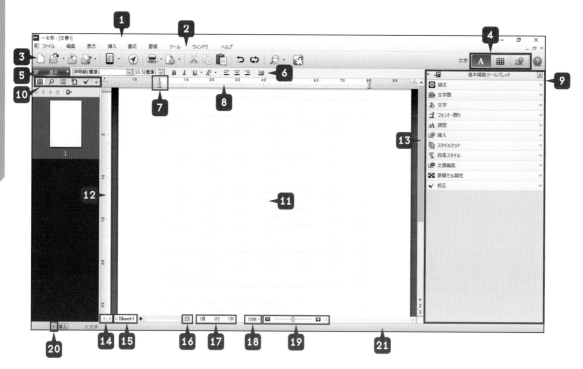

1　タイトルバー

アプリケーション名と編集中の文書名が表示されます。

2　メニューバー

クリックすると、ドロップダウンメニューが表示され、機能を選択して実行できます。

3　ツールバー

よく使用する機能がまとめてあります。アイコンボタンをクリックして、実行できます。カスタマイズすることで、自分がよく使う機能をアイコンとして追加することができます。右端には、現在の編集モードが表示されます。

4 モード切り替えボタン

文字入力や罫線のモードを切り替えます。花子をインストールすると、[花子透過編集]のボタンが現れます。

5 作業フェーズ変更ボタン

[基本編集][エディタ][アウトライン]などの作業フェーズを切り替えます。

6 コマンドバー

ボタンをクリックして、機能を実行できます。編集モードや作業フェーズによって表示されるアイコンが切り替わります。

7 インデントマーク

インデントが設定されている位置を示します。

8 横ルーラー

編集領域の左端からのカラム数を表します。単位を字数に変更できます。

9 ツールパレット

文書の作成や編集でよく使う機能や操作が、内容ごとにまとめられています。

10 ジャンプパレット

ページや見出し、検索を選択すると、目的の位置にジャンプします。

11 行間ライン

行と行の間に表示される線です。

12 縦ルーラー

編集領域の上端からの行数を表します。

13 スクロールバー

ドラッグすると、画面の表示領域が移動します。

14 シートタブスクロールボタン

シートタブの表示を左右に移動します。

15 シートタブ

ファイルに複数のシートがある場合、クリックして切り替えられます。

16 編集画面タイプ切替

[ドラフト編集][イメージ編集][印刷イメージ]といった編集画面タイプを切り替えます。

17 カーソル位置表示

カーソルのあるページ、行、文字位置が表示されます。

18 倍率表示

編集画面の表示倍率です。クリックすると、倍率を変更できます。

19 ズームコントロール

スライダーをドラッグしたり、■ ＋ をクリックしたりすると、表示倍率を変更できます。

20 ファンクションキー表示切替

ファンクションキーに割り当てられた機能の表示／非表示を切り替えます。

21 ステータスバー

操作に関するメッセージや、利用可能なキーなどが表示されます。

2 ▶ 一太郎2021の起動と終了

インストールが完了すると、いつでも一太郎2021を使うことができるようになります。
まずはじめに、一太郎2021の起動と終了の方法を確認しておきましょう。

2-1 ▶ 一太郎2021を起動する

一太郎2021のインストールが完了すると、スタートメニューやデスクトップのアイコンから起動
できます。

1 クリック

一太郎2021を起動する

1 [スタート]ボタンをクリックします。

MEMO
Windows 10の場合の起動方法です。

2 クリック
3 選択

2 [一太郎]をクリックして展開します。

3 [一太郎2021]を選択します。

4 一太郎2021が起動

4 一太郎2021が起動するので、入力や編集の作業を開始します。

MEMO 画面各部の名称については、26ページを参照してください。

HINT そのほかの起動方法

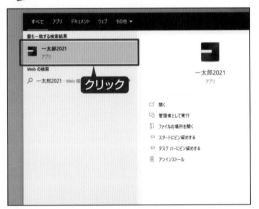

●アプリを検索して起動する
スタートメニューにある検索窓に「一太郎2021」と入力すると、[一太郎2021]が表示されるので、これをクリックします。

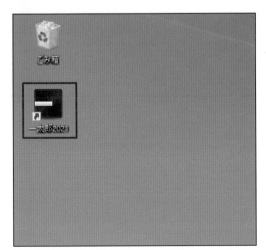

●[一太郎2021]アイコンから起動する
インストールの完了後、デスクトップに表示される[一太郎2021]アイコンをダブルクリックして起動する方法もあります。

2-2 一太郎2021を終了する

一太郎を終了します。終了の前には、必ず作成した文書を保存しておきましょう（31ページ参照）。
保存していない場合は、確認のメッセージが表示されます。

一太郎2021を終了する

1. ウィンドウ右上の 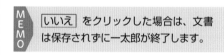 ［閉じる］をクリックします。

2. 文書を保存していない場合は、メッセージが表示されます。はい をクリックして、ファイルを保存します。

MEMO いいえ をクリックした場合は、文書は保存されずに一太郎が終了します。

MEMO メニューから［ファイル－一太郎の終了］を選択するか、ウィンドウ左上のアプリケーションアイコンをクリックして［閉じる］を選択しても一太郎を終了できます。

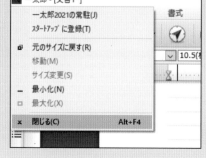

3 作成した文書をファイルとして保存する

一太郎2021で作成した文書は、ファイルとして保存しておきます。保存しておけば、いったん一太郎2021を終了しても、あとから続きの作業をしたり、修正したりできます。また、ファイルを人に渡して見てもらうこともできます。

3-1 ファイルを保存する

文書を作成したら、名前を付けて保存しておきます。文書の内容がわかるようなファイル名を付けておきましょう。いったん保存したら、それ以降は上書保存すれば更新されます。

名前を付けてファイルを保存する

1 ツールバーの [名前を付けて保存] をクリックします。

MEMO 保存時に、バックアップの設定に関する画面が表示される場合があります（32ページ参照）。

 HINT 上書保存の実行

一度名前を付けて保存したら、以降は内容を変更するたびに上書保存を実行します。ツールバーの [上書保存] をクリックするほか、Ctrl + S のショートカットキーでも「上書保存」できます。[ファイル−上書保存] を選択する方法もあります。こまめに上書保存することで、停電など、万が一の事態でも、

作成中のファイルを失うといったトラブルを避けることができます。
変更前のファイルも残しておきたい場合は、[名前を付けて保存] を実行して、別のファイル名を付けて保存します。

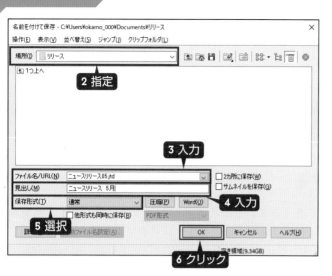

MEMO [他形式も同時に保存]のチェックをオンにすると、PDF形式など、一太郎以外の形式でも同時に保存することができます。

2 [名前を付けて保存]ダイアログボックスが開くので、[場所]で保存先のフォルダーを指定します。

3 [ファイル名/URL]に、ファイル名を入力します。

4 [見出し]には、ファイル名を補足する情報を入力します。省略してもかまいません。

5 [保存形式]で[通常]を選択すれば、一太郎の標準形式で保存できます。

6 OK をクリックすると、保存は完了です。

コラム 複数世代のバックアップを管理

一太郎2021では、文書を閉じるたび、または保存するたびに複数世代のバックアップを保管できます。過去の状態を複数残しておけるので、いつでも簡単に戻りたい時点に戻ることができます。

[ファイル-バックアップ-設定]で、何回前までのバックアップを保存しておくかや、バックアップのタイミング、保存先などを設定できます。

バックアップの内容は、[ファイル-バックアップ-バックアップの履歴から開く]で簡単に開くことができます。

3-2 保存したファイルを開く

保存したファイルは、開いて表示したり、続きの作業を行ったりすることができます。変更を加えた場合は、上書保存しましょう。

保存したファイルを開く

1 ツールバーの 🗁 [開く] をクリックします。

2 [場所] にファイルを保存したフォルダーを指定します。

3 ファイルを選択します。

4 OK をクリックします。

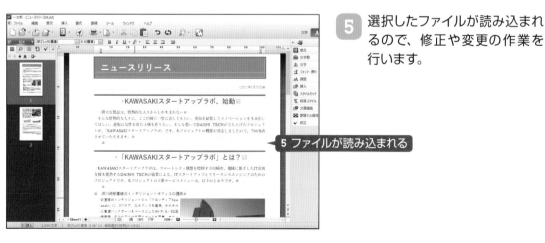

5 選択したファイルが読み込まれるので、修正や変更の作業を行います。

HINT ファイルの履歴から開く

ファイルを保存したり開いたりすると、[ファイル]メニューの右側に[履歴]が表示されるようになります。最近使ったファイルを開きたい場合は、ここから選択すると便利です。

不要な履歴が表示される場合は、削除しておけば、必要なものだけが表示されるようになり、わかりやすくなります。

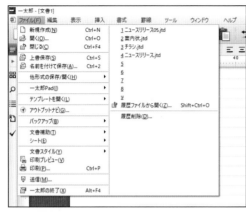

[ファイル]メニューの右側に履歴が表示されます。

左の画面で[履歴削除]を選択し、[読込履歴]で不要なものにチェックを付けて[削除]をクリックすると不要な履歴を削除できます。

HINT 「フォルダツリー」を表示する

[開く]ダイアログボックスで [フォルダツリー表示]をクリックすると、画面の左側にフォルダーの構成が表示されます。ここからフォルダーを選択すると、[場所]の移動がスムーズになります。[名前を付けて保存]のダイアログボックスでもフォルダツリーを表示できます。

4 ▶ 文字に色や飾りを付ける

入力した文字は、サイズや書体を変更したり、太字、斜体にしたり、色を付けたりといった、さまざまな書式を設定できます。設定した書式は、まとめて解除することもできるので、気軽にトライできます。

4 - 1 ▶ 文字サイズを変更する

文字の大きさは自由に変更できます。タイトルや見出しは大きくして目立つようにしたり、注釈や補足説明などは小さくしたりして、メリハリを付けましょう。

文字の大きさを変更する

1 文字を入力すると、標準の文字サイズ [10.5] ポイントが設定されます。

2 文字をドラッグして、サイズを変更したい範囲を指定します。

3 コマンドバーの [文字サイズポイント切替] の ▼ をクリックし、文字サイズを選択します。

> **MEMO** マウスポインターを設定したいサイズの上に合わせると、画面上で変更後のイメージを確認できます。

4 選択中の文字列の文字サイズが変更されました。

5 編集画面上の何もないところをクリックして範囲指定を解除します。

一太郎2021の基本操作

4-2 ▶ 書体を変更する

文字の書体には、明朝体やゴシック体など、さまざまな種類があります。書体を変えるだけで、文書の雰囲気も大きく変わります。また、見出しと本文など、内容に応じて書体を変えると効果的な場合もあります。

1 標準の書体

2 範囲指定

3 クリック

一太郎2021

4 選択

書体を変更する

1 文字を入力すると、標準の書体[游明朝]が設定されます。

2 文字をドラッグして、書体を変更したい範囲を指定します。

3 [フォント・飾り]パレットの□**F**[フォント]をクリックします。

4 フォントを選択します。これで書体が変更されます。編集画面の何もないところをクリックして選択範囲を解除しておきます。

> **MEMO**
> 書体は「和文－ゴシック体」や「和文－明朝体」など系統ごとにグループ化されています。指定したい書体のグループの ∨ をクリックして一覧を展開し、書体を選択してください。

HINT コマンドバーからの切り替え

コマンドバーの[和文・欧文フォント切替]から、フォントを選択する方法もあります。

※表示されるフォントはお使いの環境によって異なります。

HINT お気に入りのフォントを利用する

よく使うフォント、気に入っているフォントをお気に入りとして登録できます。お気に入りだけを絞り込んで表示できるので、「フォントがなかなか探し出せない」「毎回同じフォントを選んでいくのが面倒」といった悩みを解消できます。

お気に入りに追加したいフォントにマウスポインターを合わせ、左側に表示される☆をクリックします。

☆が黄色くなり、フォントがお気に入りに登録されます。

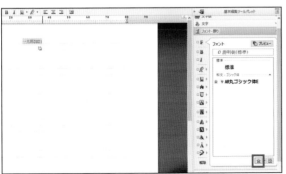

☆ [お気に入り]をクリックすると、お気に入りに登録したフォントだけに絞り込んで表示できます。

> **MEMO**
> 登録フォントだけに絞り込まれた状態で ☆ [お気に入り]をクリックすると、元の表示に戻ります。

4-3 太字、斜体を設定する

タイトルや見出しの文字、あるいは文書中で強調したい文字は太字にすると目立たせることができます。また、文字を斜めに傾ける斜体も設定できます。いずれも、[フォント・飾り] パレットのアイコンをクリックするだけです。

文字に太字を設定する

1 太字を設定したい文字をドラッグして範囲を指定します。

2 [フォント・飾り] パレットの □B [太字] をクリックします。

3 文字が太字になります。

文字に斜体を設定する

1 範囲指定したままで、□I [斜体] をクリックします。

2 文字が斜体になります。編集画面の何もないところをクリックして範囲指定を解除します。

> **MEMO** フォント・飾りが設定されると、ボタンの左側の □ が ■ に変わります。

4 - 4　文字色を設定する

文字には色を付けることもできます。注意を引きたい文字は赤字にしたり、タイトルをカラフルに飾ったりしてみましょう。太字や斜体など、ほかの書式と組み合わせることもできます。

文字の色を変更する

1 文字をドラッグして、文字色を変更する範囲を指定します。

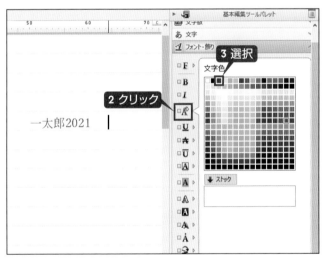

2 ［フォント・飾り］パレットの ［文字色］をクリックします。

3 パレットから色を選択します。編集画面の何もないところをクリックして範囲指定を解除しておきます。

> **MEMO**
> 🐾 プレビュー ［リアルタイムプレビューの有効/無効］をクリックして有効にすると、ボタンが 🐾 プレビュー に変わります。色の一覧にマウスポインターを合わせるだけで、設定前に変更後のイメージを確認することができるようになります。

4 - 5 アンダーラインや取消ラインを引く

強調したい文字の下にアンダーラインを引いたり、文字の上にアッパーラインを引いたりできます。また、文字の中央に引く取消ラインも利用することができます。

1 範囲指定

アンダーラインを引く

1 文字をドラッグして、アンダーラインを引く範囲を指定します。

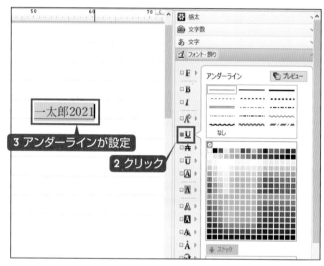

3 アンダーラインが設定

2 クリック

2 [フォント・飾り] パレットの □U [アンダーライン] をクリックします。

3 アンダーラインが設定されます。

> MEMO
> [フォント・飾り]パレットの □u [アッパーライン]で、アッパーラインが設定できます。

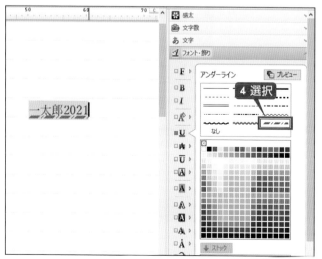

4 選択

4 線の種類を選択します。

> MEMO
> 文字色同様、[プレビュー] [リアルタイムプレビューの有効/無効]を有効にすることで、設定前にイメージを確認できます。

5 パレットから色を選択します。設定が完了したら、編集画面の何もないところをクリックして範囲指定を解除しておきます。

取消ラインを引く

1 文字列を範囲指定し、[フォント・飾り] パレットの □‡ [取消ライン] をクリックします。

2 文字に重ねてラインが引かれます。

 HINT ## 設定した文字飾りをまとめて解除する

複数の文字飾りを設定している場合、範囲指定して 解除 をクリックすると、まとめて解除できます。また、文字列を範囲指定し、[文字色] や [太字] などのボタンをクリックして ■ を □ にすると、設定済みの文字飾りを個別に解除することができます。

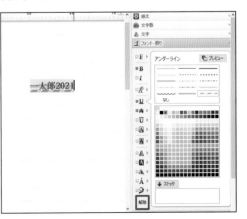

文字囲や塗りつぶしなども同様の操作で設定できる

そのほかにも文字囲や塗りつぶし、中抜き、反転など、さまざまな文字飾りを利用できます。
これらを利用することで、文書を見やすく整えたり、見栄え良くデザインしたりできます。

1 文字囲

一太郎2021

囲み線の種類と色が設定できます。

2 塗りつぶし

一太郎2021

塗りつぶしのパターンと色が設定できます。

3 中抜き

一太郎2021

文字の色が設定できます。

4 反転

一太郎2021

背景色が設定できます。

5 影文字

一太郎2021

影の色が設定できます。

6 傍点

一太郎2021

傍点の種類が設定できます。

7 回転

一太郎2021

回転の角度が設定できます。

5　書式を微調整する

見出しの文字をもう少し大きくしたい、字間や行間をちょっと広くしたいなど、書式を微調整したいことがあります。[調整]パレットを利用すれば、簡単に調整することができます。

5 - 1　文字サイズを調整する

文字サイズは、ポイント数で指定することもできますが(35ページ参照)、少しずつ大小を微調整したいときには、[調整]パレットの[サイズ]のアイコンを使うと便利です。

文字サイズを大きくする

1 文字列を範囲指定して[調整]パレットを開きます。

2 [調整]パレットの A⁺ [文字サイズ大きく]をクリックすると、文字サイズが1ポイント大きくなります。アイコンをクリックするたびに、1ポイントずつ文字サイズが大きくなります。

文字サイズを小さくする

1 A⁻ [文字サイズ小さく]をクリックすると、1ポイントずつ文字サイズが小さくなります。

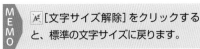

MEMO　[文字サイズ解除]をクリックすると、標準の文字サイズに戻ります。

一太郎2021の基本操作

5-2 文字を揃える位置を調整する

文字は通常左寄せで入力されます。タイトルは行の中央に入れたい、日付や署名などは行の右端に入れたいなどのときは、文字揃えを設定します。

文字揃えを設定する

1 文字揃えを設定したい行にカーソルを置きます。

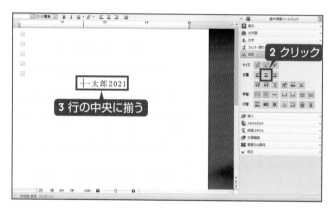

2 [調整] パレットを開き、三 [センタリング] をクリックします。

3 文字が行の中央に揃います。

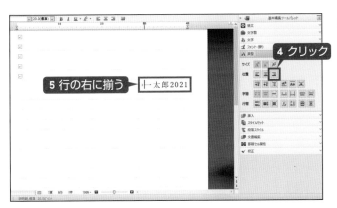

4 [調整] パレットの 三 [右寄せ] をクリックします。

5 文字が行の右に揃います。

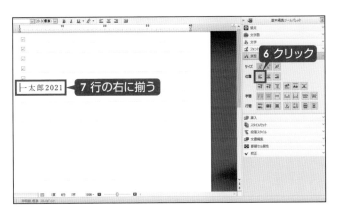

6 [調整] パレットの 三 [左寄せ] をクリックします。

7 最初の左寄せの状態に戻ります。

HINT

コマンドバーを利用して文字寄せを設定する

左寄せ、センタリング、右寄せは、コマンドバーからも実行できます。文字揃えを設定したい行にカーソルを置き、コマンドバーのボタンをクリックすると設定できます。

コラム　行頭位置の移動や上下の移動

位置の調整では、行頭位置を少しずつ字下げする「インデント」や、文字を揃える「ベースライン」を上下に動かす設定もあります。

インデント

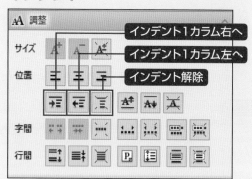

[インデント1カラム右へ] をクリックすると、行頭が半角1文字分右に移動します。クリックするごとに半角1文字分ずつ右へ移動できます。 [インデント1カラム左へ] で少しずつ左に、 [インデント解除] で解除できます。

ベースライン

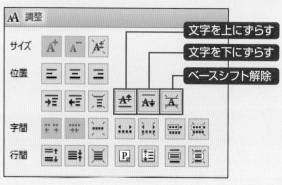

[文字を上にずらす] をクリックすると、文字を揃えるベースラインから少し上に移動します。クリックするごとに少しずつ上に移動できます。 [文字を下にずらす] で少しずつ下に、 [ベースシフト解除] で解除できます。

5-3 字間や行間を調整する

文字の読みやすさは、字間や行間も大切です。これらを調整することで、行からあふれる数文字を行内に収めたり、ページからあふれる数行をページ内に収めたりできます。編集画面上で確認しながら微調整しましょう。

字間を広げる

1 文字をドラッグして、字間を広げたい範囲を指定します。

2 [調整] パレットの [字間広く] をクリックします。

3 字間が広がります。クリックするたびに少しずつ広がっていきます。

字間をせまくする

1 [調整] パレットの [字間せまく] をクリックします。

2 字間が少しずつせまくなります。繰り返しクリックすることで、さらにせまくすることができます。

行間を広げる

1 行間を調整したい行の範囲を指定します。

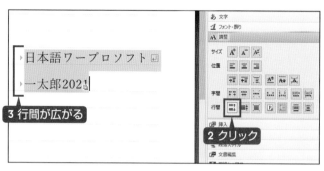

2 ［調整］パレットの [改行幅広く]をクリックします。

3 行間が少し広がります。クリックするごとに、さらに行間を広げることができます。

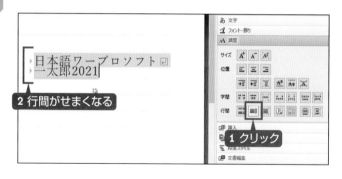

行間をせまくする

1 ［調整］パレットの [改行幅せまく]をクリックします。

2 行間が少しせまくなります。クリックするごとに、さらにせまくすることができます。

HINT

［均等割付］で字間を調整する

文字を割り付ける範囲を指定して、その範囲に文字を均等に配置する「均等割付」や、指定した範囲の行間を調整して1ページ内に収める方法もあります。いずれも［調整］パレットで操作が可能です。

6 写真やイラストを挿入する

一太郎の文書には、絵や写真を挿入することもできます。スマートフォンなどで撮影した写真のほか、あらかじめ一太郎に収録されている素材を利用することもできます。また、ワンポイントとして利用できる「部品」も用意されています。

6 - 1 自分で撮った写真を挿入する

文字だけの文書に比べ、絵や写真の入った文書は見栄えが良くなります。写真入りの旅行記やイラストの入ったチラシも簡単に作成できます。ここでは、手持ちの写真を挿入する方法を確認しておきましょう。

写真を挿入する

1 写真を挿入したい位置にカーソルを置きます。

2 [挿入]パレットを開き、🖼 絵や写真 [絵や写真の挿入]をクリックします。

3 [絵や写真]ダイアログボックスのタブから、📂 [フォルダーから]を選択します。

4 写真を保存しているフォルダーを指定します。

5 挿入したい写真を選択します。

6 画像枠で挿入 をクリックします。

写真のデータサイズを縮小する

1 文書に写真が挿入されます。

2 バルーンの表示を確認したら、
データサイズを縮小... をクリックします。

3 [設定解像度] で解像度を選択します。

4 OK をクリックします。

MEMO 高画質の写真は、そのまま貼り付けると、一太郎文書のデータサイズが大きくなってしまいます。貼り付けた際には、データサイズを縮小しておきましょう。なお、小さくすることで画質が低下したと感じた場合は、貼り付け直し、[設定解像度] を選び直してみましょう。ツールバーの つ [取り消し] で、操作前の状態に戻すこともできます。

5 写真のデータサイズが変更されました。周囲の ■ をドラッグして画像サイズを調整したり、写真をドラッグして位置を調整したりします。

6 編集画面の何もないところをクリックして、選択状態を解除します。

HINT **写真をまとめてレイアウトする**

[挿入] パレットの まとめ [写真をまとめてレイアウト] をクリックすれば、複数の写真をレイアウト

パターンに沿って一度にまとめて挿入することができます（171ページ参照）。

6-2 収録されている写真やイラストを挿入する

一太郎には、たくさんのイラストや写真が収録されています。これらを利用すれば、手元にオリジナルの写真やイラストがなくても見栄えの良い文書が作成できます。ここでは、写真を挿入してみましょう。イラストは、一太郎に収録されている写真と同じ手順で挿入できます。

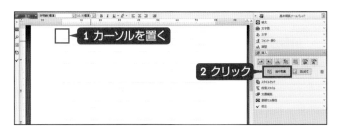

写真を挿入する

1 写真を挿入したい位置にカーソルを置きます。

2 [挿入] パレットを開き、 **絵や写真** [絵や写真の挿入] をクリックします。

3 [絵や写真] ダイアログボックスのタブから、使用したい素材の種類を選択します。ここでは [写真] タブを選択しています。

4 写真の分類を選択します。

5 挿入したい写真を選択します。

6 挿入 をクリックします。

MEMO
写真ではなく、イラストを挿入したい場合は、手順 **3** で [イラスト] タブを選択します。

HINT 挿入した写真に番号や説明文を付ける

挿入した写真をクリックして選択すると、右側に [枠操作] ツールパレットが表示されます。ここから画像枠の操作や枠飾りの設定などが行えます。[画像枠の操作] パレットでは、写真に「番号」や「説明文」を付けることもできます。この機能で付けた番号や説明文は、写真を移動すると一緒に移動します（111ページ参照）。

6 - 3 　部品を挿入する

一太郎には、ワンポイントとなるイラストが「部品」として用意されています。部品を挿入することで、文書を楽しく飾ることができます。部品はキーワードを利用して検索することもできます。

部品を挿入する

1 [挿入]パレットを開き、 [部品呼び出し]をクリックします。

2 [部品呼び出し]ダイアログボックスが開きます。

3 [キーワードで部品を検索]にキーワードを入力します。

4 検索実行(E) をクリックします。

5 検索結果が一覧に表示されます。

6 挿入したい部品をクリックします。

7 部品が挿入されます。部品をドラッグすることで移動、四隅の■をドラッグすることでサイズの調整ができます。

MEMO サイズを調整する際、Shift キーを押しながらドラッグすると、縦横の比率を保ったまま拡大縮小できます。

MEMO 編集画面の何もないところをクリックすると、選択状態が解除されます。

7 文書全体のスタイルを設定する

作成する用紙のサイズ、縦向きにするか横向きにするか、余白をどのくらいにするかといった、文書の基本となる書式は「文書スタイル」でまとめて設定します。文書スタイルは、最初に設定しておくと、完成イメージを確認しながら文書を作成できます。あとから設定を変更することもできます。

7 - 1 文書全体のスタイルを設定する

文書スタイルを設定します。用紙のサイズや向き、余白の設定により、1行の文字数や1ページの行数に設定可能な数値が変化します。

文書スタイルを設定する

1 ツールバーの [用紙や字数行数の設定（文書スタイル）] をクリックします。

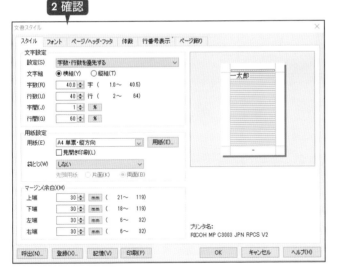

2 初期設定されている文書スタイルの内容を確認できます。

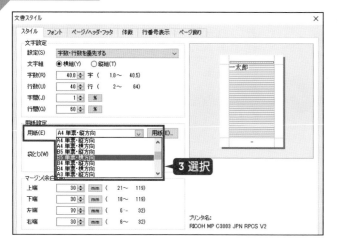

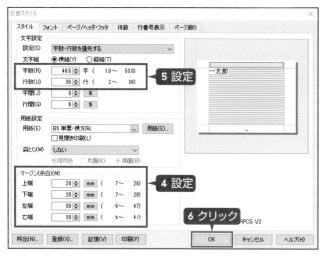

3 [用紙]で用紙のサイズや方向を選択します。

4 [マージン（余白）]で上下左右の余白サイズを設定します。

5 [字数]や[行数]で1行の文字数や1ページの行数を設定します。

6 OK をクリックします。

> **MEMO** [字数][行数]に設定できる数値はマージンの値により変化します。

HINT 文書スタイルでフォントを設定する

標準のフォントは[文書スタイル]ダイアログボックスの[フォント]シートで設定します。初期設定では「游明朝」が選択されています。漢字のフォントは[和文フォント]で、半角のアルファベットは[欧文フォント]で選択できます。そのほか、[かなフォント]では、ひらがな・カタカナに設定するフォントを、[和文フォント]とは別に選ぶことができます。和文フォントとかなフォントは連動していないので、和文フォントを変更した際には、かなフォントも確認するようにしましょう。
また、[数字フォント]も和文と欧文を選ぶことができます。

※表示されるフォントはお使いの環境によって異なります。

7 文書スタイルが反映

 7 用紙に文書スタイルの内容が反映されます。

 MEMO 文書スタイルでは、このほか、文字サイズやページ番号についても設定することができます。

 HINT
よく利用する文書スタイルを登録する

よく利用する文書スタイルがある場合は、[文書スタイル]ダイアログボックスの[登録]をクリックし、名前を付けて登録しておきましょう。[呼出]をクリックすればいつでも呼び出せるので、毎回文書スタイルを設定する手間を省けます。

また、初期設定されている内容を変更したい場合は、[記憶]をクリックします。現在設定されている文書スタイルが記憶され、以降、新しく作る文書から、そのスタイルが初期設定となります。

 HINT
「きまるスタイル」で文書内容に合った文書スタイルを選ぶ

「きまるスタイル」を利用すると、作成する文書の内容や用紙サイズに合った最適なレイアウトを一発で設定することができます。

[きまるスタイル]を利用するには、ツールバーの[用紙や字数行数の設定（文書スタイル）]の右にある[▼]をクリックし、[きまるスタイル]を選択します。

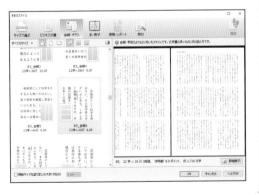

8 コピーや取り消しなど編集操作の基本

文字列をコピーしたり貼り付けたり、操作を取り消したりするときの操作を覚えておきましょう。繰り返して何度も入力する手間が省けたり、失敗した操作をすぐにやり直したりでき、効率的な文書作成に役立ちます。

8 - 1 コピー、切り取り、貼り付けを実行する

同じ文字列を別の場所でも利用したいときは、コピーして貼り付けましょう。また、入力済みの文字列を別の場所に移動したい場合は、切り取って貼り付けます。

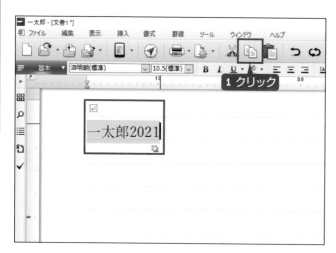

コピーして貼り付ける

1 コピーしたい文字列を範囲指定し、ツールバーの [コピー（範囲先指定）] をクリックします。

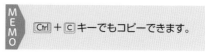
MEMO Ctrl + C キーでもコピーできます。

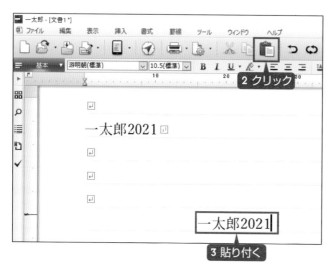

2 文字列を貼り付けたい位置にカーソルを移動し、ツールバーの [貼り付け] をクリックします。

3 カーソル位置に文字列が貼り付けられます。

MEMO Ctrl + V キーでも貼り付けられます。

切り取って貼り付ける

1 文字列を範囲指定し、ツールバーの ✂ [切り取り（範囲先指定）] をクリックします。

MEMO Ctrl + X キーでも切り取れます。

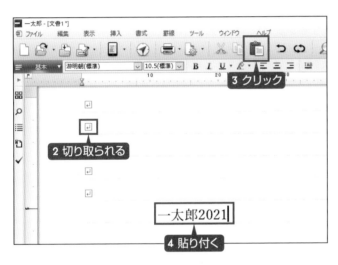

2 範囲指定していた文字列が切り取られます。

3 文字列を貼り付けたい位置にカーソルを移動し、ツールバーの 📋 [貼り付け] をクリックします。

4 文字列が貼り付けられます。

MEMO コピー、または切り取ったデータは、パソコンの「クリップボード」に保存されます。続けて貼り付けを行うことで、同じ文字列を何度も繰り返して貼り付けることができます。

8 - 2 操作の繰り返しと取り消しを行う

何度も同じ操作を繰り返す場合には、そのたびにコマンドを実行せずに、「繰り返し」を利用しましょう。また、間違った操作をしてしまった場合には、操作を取り消すことができます。取り消しは、実行するたびに操作をさかのぼって順に取り消すことができます。

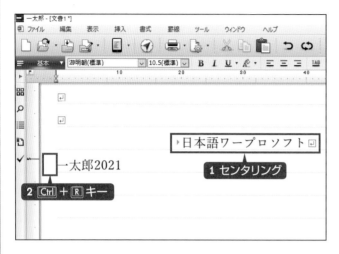

操作を繰り返す

1 文字列をセンタリングしました。

2 別のセンタリングをしたい行にカーソルを置いて、Ctrl + R キーを押します。

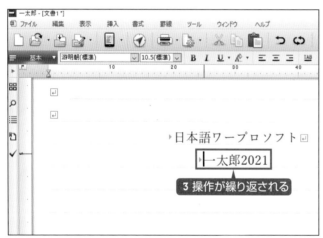

3 センタリングの設定が繰り返されます。

操作を取り消す

1 文字色を設定しました。

2 この操作を取り消したいときには、ツールバーの ⤺ [取り消し] をクリックします。

3 文字色の設定が取り消されました。

4 取り消したものの、やはり元に戻したいという場合はツールバーの ⤻ [取り消しを戻す] をクリックします。

5 取り消し操作が取り消されて、文字色が **1** で設定した色に戻りました。

MEMO コマンドによっては、取り消せない場合があります。

9 文書を印刷する

作成した文書を印刷しましょう。印刷の際には、部数を指定できるほか、拡大印刷や縮小印刷、1枚の用紙に複数ページを印刷するレイアウト印刷など、特殊な印刷も実行できます。

9 - 1 通常の印刷を行う

部数などを指定して印刷を実行します。印刷する前には、「印刷プレビュー」であらかじめどのように印刷されるかのイメージを確認すると、印刷のミスを防ぐことができます。

文書を印刷する

1 文書が完成したら、ツールバーの 🖶 [印刷] の右側の ▼ をクリックし、[印刷プレビュー] を選択します。

> MEMO 印刷プレビューを確認する必要がない場合は、🖶 [印刷] をクリックします。

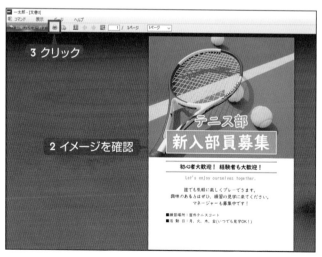

2 プレビューが表示されるので、印刷イメージを確認します。

3 🖶 [印刷] をクリックします。

> MEMO 編集画面に戻るには、▼印刷プレビュー終了 [印刷プレビューを終了] をクリックします。

4 [印刷] ダイアログボックスが開きます。

5 [部数] で印刷する部数を指定します。

6 OK をクリックすると、印刷がスタートします。

一太郎2021の基本操作

 範囲を指定して印刷する

複数ページの文書の、連続したページだけを印刷したい場合は、[ページ] で印刷したいページの範囲を指定します。任意のページを印刷したい場合は、[ページ] の入力スペースに、カンマで区切ったページや、ハイフンでつないだページを入力します。

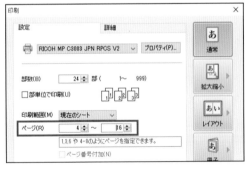

●連続したページだけを印刷する
開始ページと終了ページを指定します。

●任意のページを印刷する
飛び飛びのページはカンマで区切り、連続したページはハイフンでつなぎます。

特殊印刷を行う

大きな用紙に拡大して印刷したり、1枚の用紙に複数ページを配置して印刷したりすることもできます。さらに、複数枚の紙を貼り合わせて、大きなポスターを作ることができる「ポスター印刷」機能もあります。こうした特殊な印刷は、各種印刷方法をクリックして展開することで設定します。

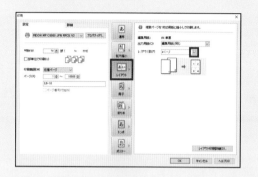

1枚の用紙に複数ページを割り付けて印刷する（レイアウト印刷）

［レイアウト］を選択し、レイアウト数の ▼ をクリックして、1枚に配置したいページ数を設定します。

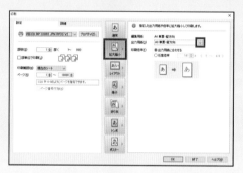

拡大縮小印刷する

［拡大縮小］を選択し、［出力用紙］で印刷したい用紙のサイズと方向を指定します。［任意倍率］を選択して倍率を指定することもできます。

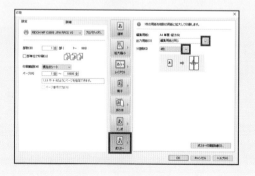

拡大して複数の用紙に分割して印刷する（ポスター印刷）

［ポスター］を選択し、［出力用紙］と［分割数］を指定します。

ATOKの基本操作

一太郎2021には、日本語入力システムとして「ATOK for Windows 一太郎2021 Limited」が標準搭載されています。本章では、ATOKによる日本語入力の基本操作と、効率的に入力する便利な機能を説明します。

1 ▶ ATOKの基本操作

ATOK for Windows 一太郎 2021 Limited（以下、ATOK）を使って日本語を入力する
には、ATOKのオン/オフや読みの入力・変換など、基本的な使い方を覚えておく必要が
あります。ここでは、日本語を入力するために必要な基本操作を紹介しましょう。

1 - 1 ▶ ATOKのオン/オフを切り替える

ATOKで日本語を入力するには、ATOKがオン（有効）になっている必要があります。ここでは、
Windows 10でATOKのオン/オフを切り替える操作を説明します。なお、一太郎を起動すると、
ATOKは自動的にオンになります。

ATOKのオン/オフを切り替える

1 タスクバーの **A** をクリックしま
す。または 半角/全角 キーを押します。

2 ATOKがオンになり、表示が
あ に切り替わります。もう一度ク
リックするか、半角/全角 キーを押す
とオフになります。

> **MEMO**
> ATOK標準のキー操作でお使いの場合
> は、日本語入力がオフのときに 変換 キー
> を押すだけで、日本語入力がオンになり
> ます。キーボードのホームポジションか
> ら手を離さなくてよいのでスムーズな操
> 作が可能です。

HINT

日本語入力システムをATOKに切り替える

日本語入力システムがATOK以外になっている場合は、一太郎のメニューから
[ツール−入力設定−日本語入力をATOKにする]を選択してください。タスク
バーに表示されている日本語入力のアイコンをクリックしてメニューを開き、
[ATOK for 一太郎2021]を選択する方法もあります。また、Windows ＋□
キーを押すと、インストールされている日本語入力システムを順番に切り替えら
れます。

1 - 2　ローマ字入力/カナ入力を切り替える

ATOKでは、読みの入力方法として「ローマ字入力」と「カナ入力」があります。初期設定は「ローマ字入力」なので、カナ入力で読みを入力する場合は、最初に設定を変更してください。ローマ字入力の方は、設定を変更する必要はありません。

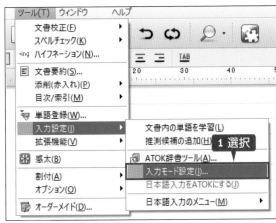

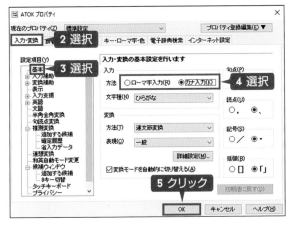

ローマ字入力/カナ入力を切り替える

1 一太郎のメニューで［ツール－入力設定－入力モード設定］を選択します。

2 ［ATOKプロパティ］ダイアログボックスが表示されたら、［入力・変換］タブを選択します。

3 ［設定項目］で［基本］を選択します。

4 ［入力］の［方法］で［ローマ字入力］または［カナ入力］を選択します。

5 OK をクリックします。

HINT
ローマ字入力/カナ入力を一時的に切り替える

ATOKがオンのとき、通知領域の あ を右クリックしてメニューを開き、［漢字入力モード］を選択すれば、ローマ字入力/カナ入力を切り替えられます。ただし、この設定は一時的なものなので、アプリケーションを切り替えたり、新しいアプリケーションを起動したりした場合は、もとの入力方法に戻ります。

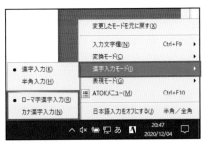

1-3

1-3 読みを入力して変換する

漢字仮名交じり文を入力するには、ローマ字入力またはカナ入力で読みを入力したあと、[　　]キーを押して変換します。正しく変換されたら、[Enter]キーを押して確定します。ここでは、この一連の操作を説明します。

1 確認

2 入力

でんしゃにのりました

電車に乗りました ← 3 [　　]キー

【電車】の連想変換：Ctrl+Tab

電車に乗りました ← 4 [Enter]キー

読みを入力して漢字仮名交じり文に変換する

1 ATOKがオンになっていることを確認します、オンになっていない場合はオンに切り替えてください（62ページ参照）。

2 読みを入力します。ローマ字入力、カナ入力のどちらでもかまいません。

3 [　　]キーを押して漢字仮名交じり文に変換します。

MEMO 変換結果はATOKの学習状態によって異なる場合があります。

4 目的のとおりに変換されたら[Enter]キーを押して確定します。

MEMO 目的のとおりに変換されなかった場合は、次ページを参照してください。

読みの入力→変換→確定

読みを入力したあと[　　]キーで変換し、目的の変換結果であれば[Enter]キーを押して、それ以上変換されないように固定します。この操作を「確定」と呼びます。このように、「読みの入力」→「変換」→「確定」を繰り返すのが、ATOKによる日本語入力の基本操作です。

ひらがなはそのまま [Enter]キーで確定

ひらがなを入力する場合は、読みを入力したあと、[Enter]キーを押せばすぐに確定されます。

入力ミスは[Esc]キーで取り消し

読みの入力中または変換中に入力ミスに気づいた場合は、[Esc]キーを押せば、すべての入力を取り消して、最初から入力し直すことができます。

入力中に推測候補が表示される

ATOKの初期設定では、読みの入力中にATOKが推測した「推測候補」が表示され、[Shift]+[Enter]キーを押すと先頭の推測候補に確定できます。なお、本章では日本語入力の基本操作を説明するため、必要な場合以外は推測候補を表示しない設定で説明しています。

入力中にバーが表示される

初期設定では、入力中に画面のようなバーが表示されることがあります。このバーを使うと、素早くATOKの設定を変更したり、「見逃し指摘ビューアー」を表示したりできます。バーが不要の場合は、右クリックして[表示しない]を選択してください。なお、本章ではバーを非表示にして説明しています。

1-4 目的の変換候補を選択して入力する

日本語には、読みが同じで意味の異なる言葉がたくさんあります。このため、ATOKでも一度の操作では正しく変換できないことがあります。その場合は、正しい候補を自分で選択することができます。ここでは、「干渉する」と入力する例を説明します。

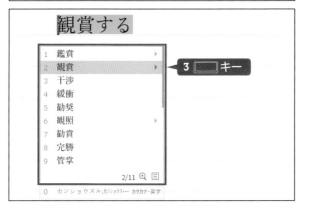

正しく候補を選択する

 「かんしょうする」と読みを入力します。

2 □□□キーを押すと「鑑賞する」に変換されます。

3 もう一度□□□キーを押すと、候補ウィンドウが開いて次の候補が選択されます。

> **MEMO** 表示される候補の順番はATOKの学習状態によって変化します。

HINT 少し長めに入力すると正しく変換できる

ATOKは、入力された読みの意味を判断して変換します。このため、単語単位ではなく、そのほかの文節も含めて少し長めの読みを入力すれば、正しく変換できる確率が高くなります。

| えいがをかんしょうする | ➡ | 映画を鑑賞する |
| くさきをかんしょうする | ➡ | 草木を観賞する |

HINT 同音語の使い分けや言葉の意味を確認する

候補ウィンドウの右側にウィンドウが表示されることがあります。このウィンドウは、変換した言葉に同音語があったり、その言葉の情報が電子辞典に掲載されていたりするときに表示されます。同音語の意味・使い方を確認したり、言葉の意味をその場で調べたりすることができます。なお、タブが複数ある場合はEndキーで切り替えることができ、Shift+Endキーでウィンドウを閉じることができます。

④ ⬜️キーを押すと1つ下の候補、⬆️を押すと1つ上の候補を選択できます。このキー操作で目的の候補を選択します。

⑤ Enter キーを押して、選択した候補を確定します。

HINT 文字を拡大表示する

候補の文字が小さくて見づらい場合は、候補ウィンドウ右下にある 🔍 [拡大表示] ボタンをクリックしてメニューを表示し、拡大率を選択すると拡大表示できます。元のサイズに戻すには、🔍 [拡大表示] ボタンをクリックして [100%] を選択します。

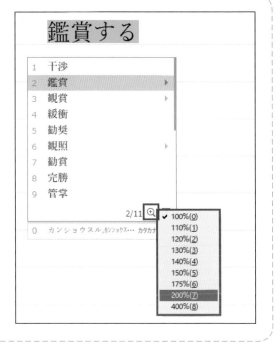

1 - 5　文節を区切り直して正しく変換する

ATOKは入力された読みを文節に分解し、各文節の関係を判断して適切に変換します。このため、文節の分け方を誤ると正しく変換できません。たとえば、「今日歯医者に行った」と入力しようとして、「今日は医者に行った」に変換されるような場合です。このような場合は、文節の区切り方を修正すれば、正しく変換し直すことができます。

文節を区切り直して変換し直す

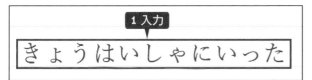

1 「きょうはいしゃにいった」と読みを入力します。

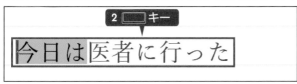

2 □□キーを押すと「今日は医者に行った」に変換されます。これは「きょうは／いしゃに／いった」と文節が区切られたからです。

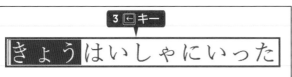

3 ←キーを1回押して、「きょう／はいしゃに／いった」に修正します。

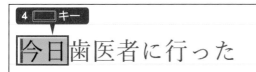

4 □□キーを押すと、「今日歯医者に行った」に変換されます。

5 Enter キーで確定します。

基本操作編　ATOKの基本操作

HINT　注目文節の移動と文節の修正

ATOKでの変換時には、「注目文節の移動」と「文節の修正」の2つの操作が行えます。注目文節とは、現在、変換の対象になっている文節のことで、薄い水色の背景色が表示されます。注目文節の移動と区切りの修正は、以下のキーを使用します。

● 注目文節の移動　　Shift + ←／→ キー
● 文節の区切りを修正　←／→ キー

1 - 6 カタカナを入力する

「パソコン」「タブレット」「プログラミング」などの一般的なカタカナ語は、読みを入力して□□□キーを押す通常の操作で変換できます。ただし、人名・地名や会社名などのカタカナの固有名詞は、正しく変換できない場合があります。また、フリガナのようにカタカナだけを入力することもあります。このようなときは、F7キーでカタカナに変換します。

カタカナを入力する

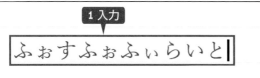
1 入力

ふぉすふぉふぃらいと

1 「ふぉすふぉふぃらいと」と読みを入力します。

2 F7キー

フォスフォフィライト

2 F7キーを押してカタカナに変換します。

3 Enterキー

フォスフォフィライト

3 Enterキーで確定します。

MEMO □□□キーで変換すると正しく変換されない場合があります。

フォスふぉふぃらいと

MEMO 確定したカタカナは学習されて、次回からは□□□キーで変換できるようになります。

HINT 正しく変換されなかった言葉を読みに戻す

□□□キーを押したときに正しく変換されなかった場合は、Enterキーで確定する前にBack Spaceキーを押せば読みに戻せます。そのあとでF7キーを押せば、カタカナに変換できます。

フォスふぉふぃらいと

⬇ Back Space キー

ふぉすふぉふぃらいと

⬇ F7 キー

フォスフォフィライト

HINT 半角カタカナはF8キー

半角カタカナを入力する場合は、読みを入力したあとF8キーを押してください。

1-7 アルファベット（英文字）を入力する

ATOKには、日本語の入力中に英文字（アルファベット）を入力できる「英語入力モード」という機能が用意されています。ここでは、この機能を使って「私はATOKを使っている」と入力する操作を説明します。

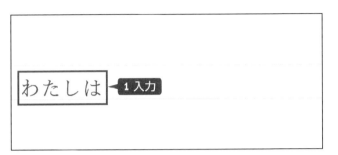

英字を入力する

1 「わたしは」と入力します。

2 ⌜Caps Lock⌟ キーを押して英語入力モードに切り替えます。

3 ⌜Shift⌟ キーを押しながら ⒜⒯⒪⒦ とキーを押して、半角大文字の「ATOK」を入力します。

> **MEMO** アルファベットの大文字は ⌜Shift⌟ キーを押しながら、小文字は ⌜Shift⌟ キーを押さずに入力します。

4 ⌜Caps Lock⌟ キーを押して英語入力モードを解除します。

5 「をつかっている」と入力します。

 HINT その他の英字の入力方法

⌜半角/全角⌟ キーでATOKをオフにしても、半角英字を入力できます。また、ATOKがオンのときに、⌜変換⌟ キーを押しても、半角英字を入力できます。⌜変換⌟ キーを押すと通知領域の表示が **半** に変化します。もう一度 ⌜変換⌟ キーを押すと **あ** に戻ります。

私はATOKを使っている

6 [　] キー

6 [　]キーを押して「私は ATOKを使っている」に変換します。

私はATOKを使っている

7 [Enter] キー

7 [Enter]キーを押して確定します。

MEMO
ATOKの学習状態によっては、英語が全角で入力される場合もあります。

HINT [F10]キーで英字に変換する

ローマ字入力の場合、英語入力モードに切り替えなくても、次のように[F10]キーで英字に変換することができます。

なちおな l → national

[N][A][T][I][O][N][A][L]の順番にキーを押します。すると、画面には「なちおなl」と表示されます。

[F10]キーで「national」に変換します。続けて[F10]キーを押すと「National」「NATIONAL」にも変換できます。

1 - 8 タッチキーボードで入力する

タッチ対応のパソコンでは、タッチキーボードを使って日本語を入力できます。読みの入力・変換・確定の操作は物理キーボードと共通です。

タッチキーボードで入力する

1 通知領域の［タッチキーボード］ボタンをタップしてタッチキーボードを起動します。

> **MEMO** 入力が必要な場合には、タッチキーボードが自動的に起動する場合もあります。

2 各キーをタップして読みを入力します。読みの入力はローマ字入力で行います。

3 □ キーをタップして変換します。

4 Enter キーをタップして確定します。なお、推測候補をタップすれば、その候補をすぐに確定することもできます。

5 入力が終わったら、右上の × ボタンをタップしてタッチキーボードを閉じます。

 HINT 推測候補から選択する

タッチキーボードでは、スマートフォンでの入力と同様に、文字を入力すると次の候補が推測されて、次々と表示されます。入力したい候補がある場合は、目的の推測候補をタップすると素早く入力できます。

 HINT タッチキーボードのボタンが表示されていないときは？

［タッチキーボード］ボタンが表示されていない場合は、タスクバーを右クリックし、メニューの［タッチキーボードボタンを表示］を選択すれば表示されます。

2 正しく効率的な入力・変換を支援する便利な機能

ATOKには、文章を正しく、かつ効率的に入力・変換するために、さまざまな便利な機能が用意されています。また、電子辞典で情報を調べたり、漢字を素早く検索したりする機能もあります。ここでは、こうした便利な機能の一端をご紹介します。

2-1 推測変換を利用して効率的に文章を入力する

ATOKは、入力された数文字の読みから、ユーザーが入力しようとしている言葉を推測して提示してくれます。その推測が正しい場合は、読みをすべて入力しなくても、素早く効率的に文章を入力することができます。句読点や空白を含む文や複数文のまとまりも、2回以上入力することで学習され、推測候補として提示されるようになります。

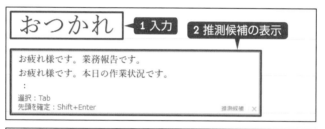

推測候補を入力する

1 読みを入力します。ここでは「おつかれ」と入力します。

2 「おつかれ」で始まる言葉が推測候補として表示されます。

3 Shift + Enter キーを押して、先頭に表示された候補に確定します。

HINT 推測候補を選択する

入力したい候補が推測候補の先頭に表示された場合は、本文の説明のように Shift + Enter キーですぐに確定できます。希望の候補が先頭にない場合は、Tab キーを押すと推測候補のウィンドウに切り替わり、候補を選択できるようになります。

希望の候補が先頭にない場合は、Tab キーを押します。

推測候補を選べるようになります。□ キーで下の候補、↑ キーで上の候補を選択できます。

2 - 2 入力したカタカナ語／日本語を英語に変換して入力する

ATOKには、「みゅーじあむ（ミュージアム）」→「museum」のようにカタカナ語を英単語に変換する機能が用意されています。また、「がっこう（学校）」→「school」のように日本語を英単語に翻訳する機能も用意されています。こうした機能を積極的に利用すれば、英単語を正確かつ効率的に入力できます。

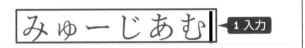

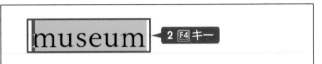

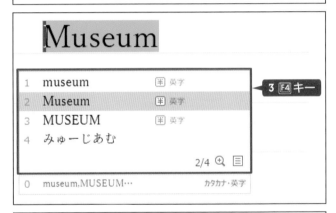

カタカナ語を英語に変換する

1 「みゅーじあむ」と読みを入力します。

2 F4キーを押すと「museum」に変換されます。

3 もう一度F4キーを押すと候補ウィンドウが表示されて、「Museum」「MUSEUM」なども選択できます。

MEMO 表示される候補の順番はATOKの学習状態によって変化します。

4 Enterキーを押して確定します。

HINT 和製英語も正しく変換

「サラリーマン」や「ミシン」といった和製英語もF4キーを押すことで「office worker」、「sewing machine」といったように正しい英語に変換することができます。

日本語を英語に変換する

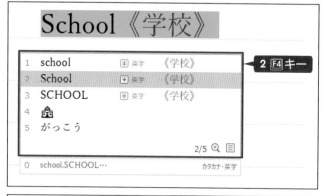

1 「がっこう」と読みを入力します。

2 F4キーを押すと「school」に変換されます。

3 もう一度 F4 キーを押すと候補ウィンドウが表示されて、「School」「SCHOOL」なども選択できます。

1	school	囲 英字	《学校》
2	School	囲 英字	《学校》
3	SCHOOL	囲 英字	《学校》
4	🏫		
5	がっこう		

2/5 🔍 ▤

| 0 | school.SCHOOL… | カタカナ・英字 |

4 Enter キーを押して確定します。

HINT ⬜ キーでも変換できる

カタカナ語や日本語から英単語への変換、読みから顔文字や記号に変換する機能は、⬜ キーによる通常の操作でも利用できます。候補ウィンドウに表示されるので、通常の操作で選択してください。「ATOK」も、「えいとっく」の読みから⬜キーで「ATOK」に変換・入力できます。

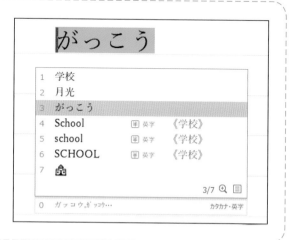

76

2-3 ▶ 「○」「☆」「→」などの記号を簡単に入力する

ATOKでは、○▼◇☆……などのさまざまな記号も入力できます。複数の入力方法がありますが、よく利用する記号は読みを入力して変換すると効率的です。ここでは「おんぷ」という読みから「♪」を入力する操作を説明します。

読みを入力して記号に変換する

1 「おんぷ」と読みを入力します。

2 ☐キーを押して変換します。

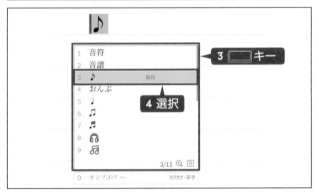

3 「音符」など、目的の候補以外に変換されたら、☐キーを押して変換候補を表示します。

4 候補から入力したい記号「♪」を選択します。

> **MEMO** 変換結果や表示される候補の順番は、ATOKの学習状態によって異なります。

5 Enterキーを押すと「♪」が入力・確定されます。

 HINT　読みから入力できる記号

ATOKでは、多くの記号を読みから変換できます。以下は、その一部です。

まる……●○◎
しかく……■◆□◇
さんかく……▼▲△▽
けいせん……┐┌┘└├┤ 等
おんぷ……♪
ゆうびん……〒
きごう……〒●○◎■◆□◇▼▲△▽ 等
ほし……★☆※

 HINT　クリックパレットで記号を入力する

一太郎のメニューから[ツール－入力設定－日本語入力のメニュー－クリックパレット]を選択すると、クリックパレットが起動します。通知領域の **あ** を右クリックして[ATOKメニュー－クリックパレット]を選択しても同様です。クリックパレットの[○△□]や[＋－×]などのタブを開いて目的の記号をクリックすれば、カーソル位置に入力できます。

2-4 ▶ 電子辞典で変換中の言葉の意味を確認する

ATOKの電子辞典を利用すると、変換中の言葉の意味を素早く調べることができます。ここでは、一太郎2021プラチナに付属する「新明解国語辞典」で利用する例を説明します。

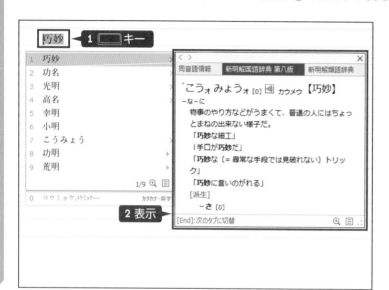

入力中の言葉の類義語を確認する

1 読みを入力して▭キーで変換し、候補ウィンドウを開きます。

2 調べたい言葉を選択して少し待つと、情報を表示するウィンドウが開きます。

 電子辞典の利用方法

● **候補に表示される記号の意味**

候補の右横には、次の3種類の記号が表示されます。

同音語の情報があることを示します。

電子辞典の情報があることを示します。

同音語と電子辞典の両方の情報があることを示します。

● **電子辞典のタブを切り替える**

情報を表示するウィンドウに複数のタブがある場合は、End キーを押してタブを順番に切り替えることができます（キー操作がMS-IMEの場合は Ctrl + End キー）。

変換後に End キーを押すと、すぐに電子辞典で調べられます。

● **変換した言葉をすぐに調べる**

▭キーを1回押して正しく変換された場合は、続けて End キーを押すことで、すぐに情報表示のウィンドウを開くことができます。

● **利用できる電子辞典**

一太郎2021プラチナには、電子辞典として「新明解国語辞典」「新明解類語辞典」が付属しています。

2-5 文書中の固有名詞を登録して変換できるようにする（単語登録）

会社名や商品名など、ATOKの辞書に載っていない固有名詞は、正しく変換できないことがあります。しかし、これらの固有名詞をATOKの辞書に単語登録すれば、正しく変換できるようになります。ここでは、一太郎文書中にある固有名詞を登録して、次回から変換できるようにする方法を説明します。

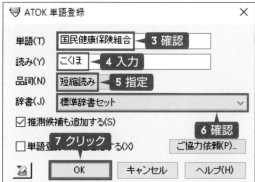

単語を登録する

1 登録する言葉を選択します。

2 一太郎のメニューで［ツール－単語登録］を選択します。

3 ［単語］に選択した言葉が設定されていることを確認します。

4 ［読み］を入力します。ここでは「こくほ」と入力します。

5 ［品詞］で品詞を指定します。ここでは「短縮読み」を選択します。

6 ［辞書］は「標準辞書セット」のままにします。

7 ［OK］をクリックします。これで単語が登録されてダイアログボックスが閉じます。

登録した単語を入力する

1 登録した単語の読みを入力します。

2 ［　　］キーを押して変換すると、登録した単語に変換できます。［Enter］キーを押して通常どおり確定します。

HINT 登録した単語を削除する

登録した単語が不要になったら、辞書から削除できます。削除するには、読みを入力して［　　］キーで変換した状態で［Ctrl］＋［Delete］キーを押してください。確認メッセージに対して、［はい］をクリックすれば削除できます。

HINT ［Ctrl］＋［F7］キーで単語登録

一太郎以外のアプリケーションでATOKを利用している場合でも、［Ctrl］＋［F7］キーを押して単語登録のダイアログボックスを開いて、いつでも単語を登録することができます。

2-6 「夏目漱石の"そう"」の形式で漢字を入力する

人名などの固有名詞の漢字を人に伝えるとき、「夏目漱石の"そう"」「高杉晋作の"しん"」のように、著名な人物を挙げることがあります。ATOKでは、これと同じ方法で漢字を入力することができます。ここでは、「漱次郎」と入力する例を説明します。なお、この機能を利用するには、推測変換が有効になっている必要があります。

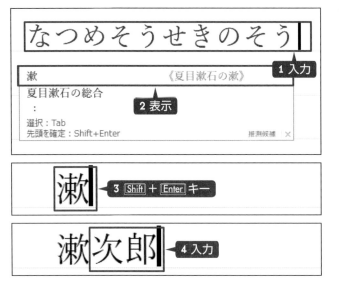

夏目漱石の「漱」を入力する

1 「なつめそうせきのそう」と読みを入力します。

2 推測候補に「漱《夏目漱石の漱》」と表示されます。

3 Shift + Enter キーを押して「漱」を入力します。

4 続けて「次郎」と入力し、Enter キーを押して確定します。

 HINT 「旧字体の"○○"」から漢字を入力する

「夏目漱石の"そう"」のように、漢字の旧字体を「旧字体の"○○"」の形式で入力することもできます。たとえば、「きゅうじたいのこう」の読みから「廣」を入力できます。

2-7 「まいかたし」で「枚方市（ひらかたし）」を入力する

地名の読み方は、その地域に住んでいる人でないと、正しく読むことが難しい場合があります。たとえば、「焼津（やいづ）」「石廊崎（いろうざき）」などは、知らないとなかなか読めないでしょう。そこでATOKには、誤った読みからでも正しく変換するとともに、正しい読みを指摘する機能が用意されています。ここでは、「枚方市」を入力する例を説明します。

「まいかたし」→「枚方市」に変換する

1 「まいかたし」と読みを入力します。

2 □□□キーで変換すると、「枚方市《読みは「ひらかたし」》」と表示されます。

3 Enter キーを押して「枚方市」を確定します。

HINT 推測候補から入力する

推測変換を有効にしている場合は、推測候補に「枚方市《読みは「ひらかたし」》」と表示されます。この場合は、 Shift + Enter キーで入力できます。

HINT 「髙」「﨑」を入力する

通常の読みを変換して入力するのが難しい漢字としては、「髙」と「﨑」があります。「髙」は「はしごだか」、「﨑」は「たちさき」という読みで変換できます。

HINT 文字パレットの［異体字検索］シート

ATOKには、文字パレットに［異体字検索］シートがあります。「国」「國」「圀」などの異体字を調べるのに便利です。なお、文字パレットは、一太郎のメニューで［ツールー入力設定ー日本語入力のメニューー文字パレット］を選択すると起動できます。また、 Ctrl + F11 キーでも起動できます。

2-8 日付・時刻を入力する

「きょう」や「あす」「らいねん」「いま」など、日付や時刻を表す言葉を入力すると、対応する日付・時刻に変換できます。日付・時刻を、素早く正確に入力することができます。ここでは、「あさって」で明後日の日付を入力する方法を説明します。

「あさって」で明後日の日付を入力する

1 「あさって」と入力します。

2 ☐☐キーを押すと、「明後日」に変換されます。

3 もう一度☐☐キーを押すと、候補ウィンドウに明後日の日付の一覧が表示されます。入力したい形式を選択します。

4 Enter キーを押して確定します。

日付・時刻に変換できるキーワード

日付・時刻に変換できるキーワードは次のとおりです。

おととい	おととい	いっさくじつ	きのう	さくじつ
きょう	ひづけ	ほんじつ	あした	あす
みょうにち	あさって	みょうごにち	にちよう	にちようび
げつよう	げつようび	かよう	かようび	すいよう
すいようび	もくよう	もくようび	きんようび	どよう
どようび	おととし	きょねん	ことし	らいねん
さらいねん	せんせんげつ	せんげつ	こんげつ	らいげつ
さらいげつ	じこく	いま	にちじ	

※「どよう」「どようび」などの曜日を入力した場合は、今週・来週の対応する日付に変換できます。

西暦・和暦変換

ATOKでは、「2021ねん」「れいわ3」などと入力して☐☐キーを押すと、対応する西暦や和暦が候補として表示されます。

2021年

令和3年
確定：Shift+Enter　日付　×

2-9 郵便番号から住所を入力する

ATOKでは、郵便番号から対応する住所に変換することができます。郵便番号をすべて覚えていなくても問題ありません。住所録や顧客名簿などを作るときに、とても便利です。なお、この機能を利用するには、郵便番号辞書がインストールされている必要があります。

郵便番号から住所を入力する

1 郵便番号を入力します。

2 郵便番号を3桁＋ハイフンまで入力すると、住所が推測候補として表示されます。

3 入力を続けると該当する候補が絞り込まれます。

4 Shift ＋ Enter キーを押して住所を確定します。

 郵便番号を入力して F3 キーを押しても、住所に変換することができます。

HINT 郵便番号をすべて覚えていない場合は？

「確か170-0のナントカだった」のように、郵便番号を途中までしか覚えていない場合は、途中まで入力してTab キーを押すと、その番号で始まる住所が一覧表示されます。

「170－0」まで入力したら Tab キーを押します。

郵便番号が「170－0」で始まる住所が一覧表示されます。

2-10 読みのわからない漢字を手書きで入力する

ATOKでは、読みを入力して変換します。そのため、人名や地名など、読みのわからない漢字は入力することができません。このような場合は、手書きで漢字を直接書いて入力する方法があります。ここでは、「峙」という漢字を入力する操作を説明します。

手書きで漢字を入力する

1 一太郎のメニューで [ツール－入力設定－日本語入力のメニュー－手書き文字入力] を選択します。

2 手書き文字入力が起動します。

3 マウスのドラッグまたは指やタッチペンを使って漢字を直接書きます。書き進めると、漢字の候補が徐々に絞り込まれていきます。

4 漢字にマウスポインターを合わせると、読み（ジン）や画数（5）などの情報を確認できます。

音読み	： ジン
訓読み	： －
異体字	： 仞
部首読み	： にんべん
文字画数	： 5
常用/人名	： 該当しない
漢字配当	： 配当外
漢字水準	： 第2水準
JIS	： 5041
シフトJIS	： 98BF
区点	： 04833
面区点	： 1-48-33
Unicode	： U+4EED
UTF-8	： E4 BB AD

4 確認

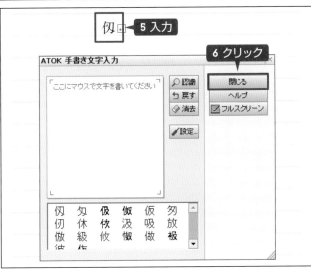

5 入力

6 クリック

5 漢字をクリックしてカーソル位置に入力します。

6 閉じる をクリックして手書き文字入力を終了します。

 MEMO
戻す をクリックすると書いた線を1つ前に戻すことができ、消去 を クリックするとすべてを消去して、新しい漢字を書くことができます。

HINT フルスクリーンで書く

フルスクリーン をクリックすると、現在起動しているアプリケーションを背景にして、画面全体を使って文字を書くことができます。文字の候補は画面の最下段に表示されます。もう一度 フルスクリーン をクリックするともとに戻ります。

2 - 11 入力ミスを修復して入力する（ATOKディープコレクト）

「切手（きって）」を入力しようとしたのに、Ｔキーを押しすぎて「きっって」と入力するといったミスはよくあります。ATOKには、このようなユーザーのキー入力ミスを自動的に修復して正しく変換する機能が用意されています。

1 入力ミス

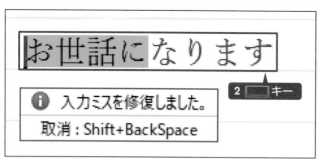

2 □□□□キー

入力ミスを修復しました。
取消：Shift+BackSpace

3 Enter キー

入力ミスを自動的に修復して正しく入力する

1 「おせわになります」と入力しようとしてO S E A W N I N A R I M A S Uとキーを押してしまいました。W と A が逆になっているため、画面には「おせあwになります」と表示されます。

2 □□□□キーで変換すると、「お世話になります」と読みが自動的に修復されて変換されます。

3 Enter キーを押して確定します。

HINT 修復を取り消す

ATOKによる自動修復を取り消すには、修復された状態で Shift + Back Space キーを押します。修復がもとに戻った上で変換が行われます。

HINT ATOKディープコレクトとは？

ATOKには、キー入力の自動修正に、AI（人工知能）を支える技術として知られるディープラーニング技術が活用されています。たとえば、過去に一度も打鍵ミスを修復したことがなくても、ATOKが自動的に判断して修復してくれます。

2-12 ATOKイミクルで言葉の意味を確認する

一太郎をはじめとするさまざまなアプリケーションで、ATOKの電子辞典を活用したいときに便利なのが「ATOKイミクル」です。調べたい言葉を選択し、Ctrl キーを2回続けて押すだけで、電子辞典の意味が表示されます。

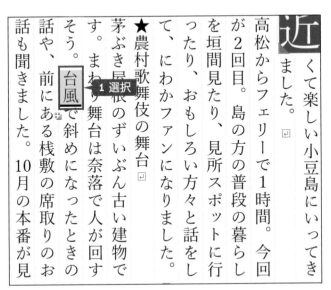

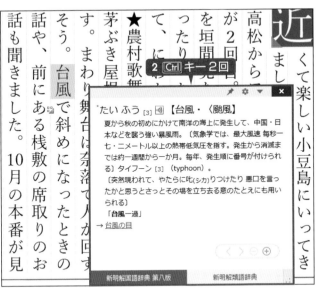

ATOKイミクルで選択した言葉の意味を調べる

1 アプリケーションで調べたい言葉を選択します。

2 Ctrl キーを2回続けて押すと、ATOKイミクルが起動して、電子辞典で調べたい結果が表示されます。なお、表示される情報は、インストールされている電子辞典によって異なります。

先にATOKイミクルを起動する

タスクバーの通知領域で[ATOKイミクル]のアイコンをクリックすると、ATOKイミクルが起動します。あるいは、何も選択しないで Ctrl キーを2回押してもかまいません。表示されたウィンドウに言葉を入力して Enter キーを押せば、その言葉を電子辞典で調べることができます。

通知領域で[ATOKイミクル]のアイコンをクリックします。

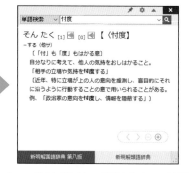

ウィンドウに調べたい言葉を入力して Enter キーを押せば、意味を調べられます。

リフレッシュナビで疲労度をチェック

ATOKには、そのほかにも便利なツールがたくさん用意されています。リフレッシュナビもその1つです。一太郎のメニューで[ツール−入力設定−日本語入力のメニュー−リフレッシュナビ]を選択すると起動できます。入力した文字数や入力精度などの情報を確認できます。

一太郎Padでメモしよう

一太郎2021とデータをやり取りできるスマートフォン・タブレット専用アプリ「一太郎Pad」。一太郎と連携してテキストを送受信できるので、いつでもどこでも思いついたときにメモできます。一太郎Padには「省入力ツール」を搭載。ワンタップで現在日時や括弧などが入力できてササッとメモを取りたいときに重宝します。また、外出先で見かけた看板やポスターなどの文字を写真で撮影し、テキストに変換する機能も搭載しています。

トレーニングメモ

●一太郎Padでメモ入力

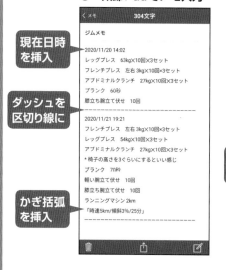

現在日時
を挿入

ダッシュを
区切り線に

かぎ括弧
を挿入

●写真の中の文字をテキスト化

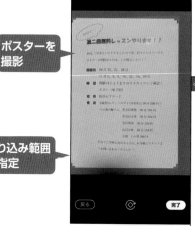

ポスターを
撮影

取り込み範囲
を指定

テキストを
取り込み

●一太郎に取り込む

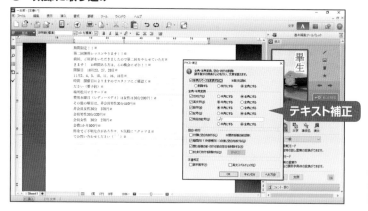

テキスト補正

MEMO 「一太郎Pad」アプリは、App Store、Google Playからダウンロードすることができます。一太郎2021で一太郎Padの内容を取り込むための設定をする際に、ダウンロードの案内が表示されるので、参考にしてください（P104参照）。

操作の流れ

1	新規にメモを作成する	7	写真の中の文字をテキスト化する
2	メモを編集する	8	一太郎に取り込むための設定をする
3	メモを削除する	9	一太郎にメモを取り込む
4	削除したメモを復元する	10	テキスト補正する
5	メモを検索する		
6	メモを共有する		

完成

※画面は、Google Pixel 3 XL、一部 iPhone 7 で作成しています。

1 一太郎Padにメモを入力する

まずは「一太郎Pad」にメモを入力してみましょう。省入力ツールを使って、ワンタップで現在日時を入れておくと、後から見返すのにも便利です。メモを削除したり共有したりする方法も解説します。

1 - 1 新規にメモを作成する

新規にメモを入力しましょう。現在日時を入れ、メモを入力します。省入力ツールは現在日時だけでなく、括弧や三点リーダーなどもあります。さらに利用できる省入力ツールの組み合わせを5種類用意しているので、用途に応じて切り替えて利用することができます。

メモを入力する

1 一太郎Padを起動します。

2 メモ一覧画面で ✏ をタップします。

> **MEMO** 別のメモ内容が表示されている場合は左上の <メモ をタップしてメモ一覧に戻ります。

3 新規作成画面が開くので、省入力ツールの 🕐 をタップします。

4 現在日時が入力されます。

5 エンターをタップして改行し、メモ内容を入力していきます。

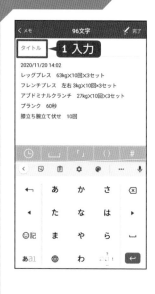

タイトルを入力する

1 メモの入力が終わったら、タイトル部分をタップしてタイトルを入力します。

2 完了 をタップします。

省入力ツールを切り替える

1 ＜メモ をタップします。

2 ⚙ をタップします。

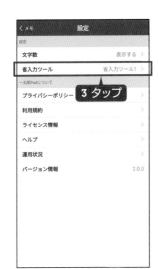

3 「省入力ツール」をタップします。

4 「省入力ツール2」を選択します。

一太郎Padでメモしよう

 省入力ツールのセットは5種類から選べる

省入力ツール1

省入力ツール2

省入力ツール3

省入力ツール4

省入力ツール5

#　見出し
「# 」「## 」のような形式（#と半角スペース）
で入力すると、一太郎2021に取り込んだ際、
「# 」で大見出し、「## 」で中見出しが設定され
ます。

🕐　現在日時
「2020/12/04 12:34」のような形式で、
現在日時が入力できます。

⎵　全角スペース
全角スペースを入力します。使っているキー
ボードのスペースが半角の場合、全角スペー
スを入力するのに便利です。

「」　かぎ括弧

()　丸括弧

『』　二重かぎ括弧
それぞれ「」、( )、『』を入力し、括弧の間に
カーソルを移動します。

……　三点リーダー

――　ダッシュ2つ
それぞれ、三点リーダー、ダッシュを2つ入力
します。小説などの入力をアシストします。

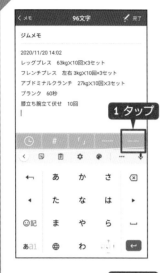

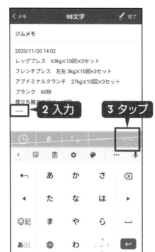

省入力ツールで区切り線を入力する

1 省入力ツールの ── をタップします。

2 ダッシュが2つ入力されます。

3 同様に、 ── を何度かタップします。

4 こうすると文と文の区切りを作るのも簡単です。

5 完了 をタップします。

MEMO 完了 を押さなくても自動保存されます。 ＜メモ をタップしてメモ一覧に戻ります。

1 - 2 メモを編集する

作成したメモに内容を追加（編集）してみましょう。編集するメモをタップして画面を開き、入力を再開します。画面を開いた後は、新規入力と同様です。ここでは、かぎ括弧を入力してみましょう。

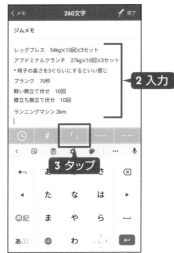

メモを編集する

1 メモ一覧から、編集したいメモをタップします。

2 追加したいメモ内容を入力します。

3 「」をタップします。

4 括弧が入力され、間にカーソルが移動します。

5 括弧内に文字を入力します。

1-3 メモを削除する

作成したメモが不要になったら削除しましょう。削除しても「最近削除したメモ」一覧に移動し、30日間は復元することができます。

不要になったメモを削除する

1 メモ一覧から、削除したいメモをタップします。

2 をタップします。

3 メモが削除され、メモ一覧に戻ります。

HINT 長押しでも削除できる

メモ一覧で、削除したいメモを長押ししても削除できます。iPhoneの場合は、左にスワイプして「削除」をタップします。

1-4 メモをまとめて削除する

先ほどは1つのメモのみを削除しましたが、ここでは複数のメモをまとめて削除する方法を紹介します。任意の不要なメモを選んで削除できます。

複数のメモをまとめて削除する

1 メモ一覧から画面右上の 編集 をタップします。

2 メモの左側にチェックサークルが表示されます。

3 削除したいメモをタップして選択します。

4 削除 をタップします。

5 チェックしたメモが削除されます。

MEMO すべて削除 をタップするとすべてのメモを削除できます。また、 キャンセル をタップすると、メモ一覧に戻ります。

1 - 5

削除したメモを復元する

削除したメモは、30日以内なら復元することができます。残り日数ごとに「あと○日」という帯で区切られて表示されます。

メモを復元する

1 メモ一覧で < をタップし、「一覧」で「最近削除したメモ」をタップします。

2 復元したいメモを長押しします。iPhoneの場合は左にスワイプします。

3 復元 をタップします。

4 「最近削除したメモ」の一覧から消えます。

5 メモ一覧に復活します。

> **MEMO** 「最近削除したメモ」の右上の「編集」をタップして任意の複数のメモを復元したり完全削除したりもできます。

1 - 6 メモを検索する

メモのタイトルを含めた本文を検索することができます。各メモ個別に検索するのではなく、すべてのメモに対して検索できます。検索ボックスは通常の画面には表示されておらず、画面を下にスワイプする必要があります。

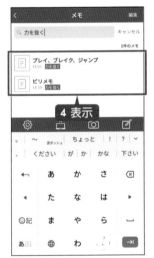

メモを検索する

1 メモ一覧で画面を下方向にスワイプします。

2 検索窓をタップします。

3 検索したいキーワードを入力します。

4 キーワードを含むメモが一覧表示され、キーワードがハイライトされます。

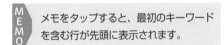
メモをタップすると、最初のキーワードを含む行が先頭に表示されます。

1 - 7　メモを共有する

メモはほかのアプリやサービスと共有することができます。スマホの「共有機能」と同じです。LINEのトーク画面に貼り付けたりFacebookで共有したり、メールの本文として送信したり、さまざまなアプリやサービスでメモを再利用できます。

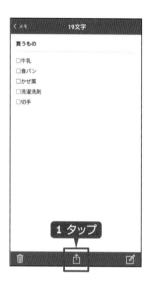

メモを共有する

1 共有したいメモを開き、をタップします。

2 共有するアプリやサービスを選択します。ここでは、LINEの任意の相手を選択しています。

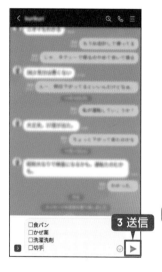

3 入力欄にテキストが貼り付けられるので、送信アイコンをタップします。

4 アップロードされます。

2 ポスターを取り込んでテキスト化する

「一太郎Pad」には、写真の中の文字をテキストデータに変換する機能を搭載しています。ポスターや街中の看板などを撮影してテキスト化すると、編集して再利用することもできます。紙資料を取り込んでテキスト化すれば、紙を処分できて省スペース化できます。

2-1 写真を撮影する

一太郎Padで写真の中の文字をテキスト化するには、その場で写真撮影するか、またはすでに撮影している写真を選択するかの2通りの方法があります。ここではその場で写真を撮影する方法を紹介します。

**一太郎Padから
カメラを起動して撮影する**

1 メモ一覧から 📷 をタップします。

2 カメラ をタップします。

> MEMO ここで 写真 を選ぶと、すでに撮影済みの写真を選んでテキスト化できます。

3 写真を撮影します。

写真の文字をテキスト化する

1 指で枠をなぞって、取り込む範囲を指定します。

101

2 タップ

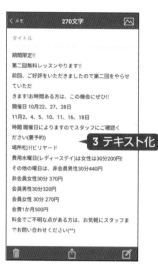

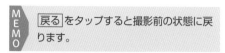

3 テキスト化

2 完了 をタップします。

3 文字がテキスト化されます。

HINT 画像の回転

画像は回転させることができます。どうしても横向きにしか撮影できない場合でも、後で回転させれば問題なくテキスト化することができます。

 をタップします。

右に90度回転します。2回タップすれば180度、3回タップすれば270度回転します。

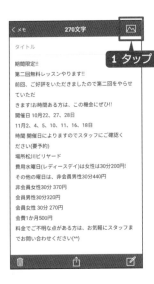

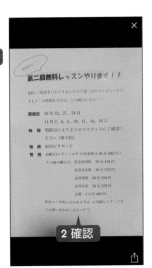

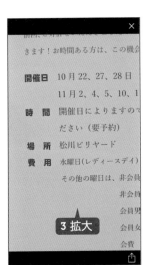

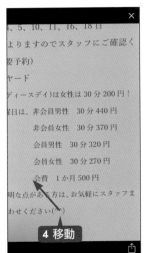

元の写真を見る

1. テキスト化されたメモの右上のをタップします。

2. 撮影した写真を確認できます。テキスト化された文字と写真の中の文字を比べるときに便利です。

3. ピンチアウトする（親指と人差し指を画面につけて幅を広げる）と、写真を拡大できます。

4. 画面上で指を動かすことで表示範囲を移動できます。

一太郎Padでメモしよう

3 メモを一太郎に取り込む

一太郎Padで書き溜めたメモやテキスト化した内容は、一太郎2021に取り込むことができます。最初に取り込む際には各種設定が必要ですが、2回目以降は最小限の操作で素早く取り込むことができます。

3-1 取り込むための設定をする

最初はスマホの端末と一太郎のペアリングを設定する必要があります。設定方法は、一太郎側で詳細に案内されているので、特に迷うことはありません。

▶ PC

パソコン側の設定をする

1 一太郎2021を起動します。[一太郎Padから挿入]をクリックします。

2 接続の流れが確認できます。ここではすでに一太郎Padは利用開始しているので、[次へ]をクリックします。

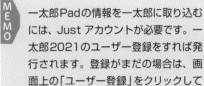

3 Just アカウントのメールアドレスまたはUserIDとパスワードを入力します。

4 ログイン をクリックしてログインします。

MEMO 一太郎Padの情報を一太郎に取り込むには、Just アカウントが必要です。一太郎2021のユーザー登録をすれば発行されます。登録がまだの場合は、画面上の「ユーザー登録」をクリックして登録しましょう。

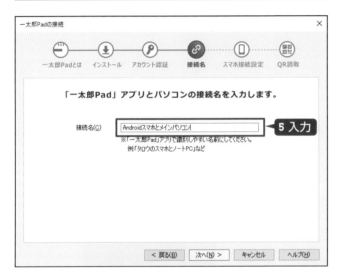

5 [接続名] に任意の接続名を入力します。ここでは「Androidスマホとメインパソコン」としています。

MEMO 接続名は、一太郎Padと接続する際に表示される名前なので、自分でわかりやすい名前にしておきましょう。

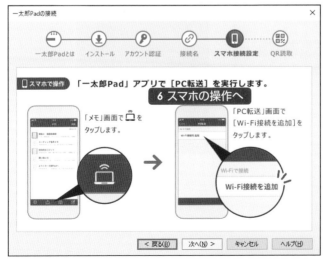

6 スマホでの操作を促す画面が表示されます。ここで、スマホを操作します。

一太郎Padでメモしよう

▶スマホ

スマホ側の設定をする

1 メモ一覧の画面で  をタップします。

> MEMO ここでは転送したいメモを選ぶ必要はありません。

2 PC転送画面になるので、「Wi-Fi接続を追加」をタップします。

QRコードを読み取る

1 QRコード読み取り画面になるので、パソコン側ではP105下の画面で 次へ をクリックしてQRコードを表示し、スマホでパソコンのQRコードを読み取ります。

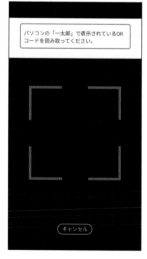

3-2 Padビューアを介して内容を取り込む

設定が完了したら、パソコン側で「Padビューア」が開きます。ここで取り込みたいメモを指定し、タイトルを取り込むかどうか、取り込み時にテキスト補正をするかどうかなどを設定します。

▶ PC

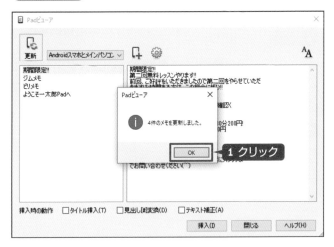

メモを取り込む

1 「Padビューア」に取り込んだメモが表示されます。中央のダイアログボックスは OK をクリックして閉じます。

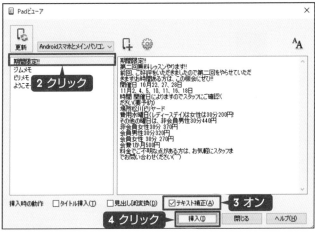

2 取り込みたいメモをクリックして指定します。

3 [挿入時の動作]で「テキスト補正」のチェックをオンにします。

4 挿入 をクリックします。

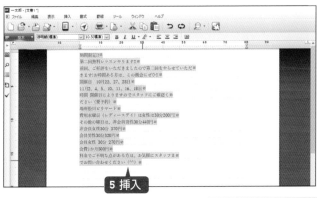

5 カーソル位置にメモが挿入されます。

一太郎 Pad でメモしよう

107

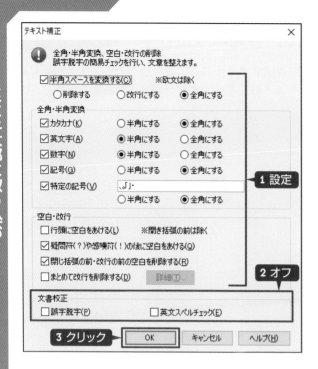

テキスト補正する

1 メモ挿入と同時に［テキスト補正］ダイアログボックスが開くので、適宜補正します。例えば、英文字や数字が全角になってしまうのを防ぎたければ「英文字」「数字」にチェックを入れ、「半角にする」に設定します。

2 「文書校正」で誤字脱字や英文スペルチェックを実行することもできます。ここではチェックはオフにしています。

3 OK をクリックします。

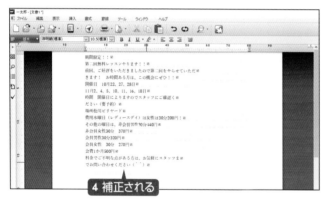

4 指定した指示に従ってテキストが補正されます。

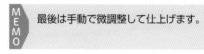

 最後は手動で微調整して仕上げます。

HINT **改行削除の詳細を設定できる**

テキスト補正のダイアログボックスの「まとめて改行を削除する」をオンにして 詳細 をクリックすると、改行の削除ルールを細かく設定できます。
写真からテキストを取り込む際、余分な改行が入っている場合に、それを削除できるので、手動で削除する手間が省けます。

▶ **作 例** 編

一太郎Padで外出先でもエッセイを

外出先では「一太郎Pad」を使ってエッセイを執筆し、自宅に戻れば一太郎に取り込んで続きを執筆。一太郎2021では、一太郎から一太郎Padへ書き戻すこともできるようになったため、書き加えた状態のものを一太郎Padに送信しておけば、また外出先で続きを執筆できます。ここでは、外出先で執筆したエッセイを一太郎に取り込み、脚注や連番、目次を設定したり、写真を挿入したりして体裁を整えます。

エッセイ

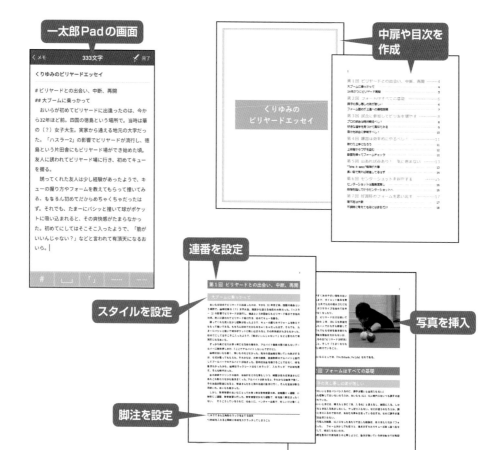

一太郎Padの画面

中扉や目次を作成

くりゆみの
ビリヤードエッセイ

連番を設定

スタイルを設定

脚注を設定

写真を挿入

操作の流れ

1　一太郎Padでエッセイを執筆する
2　一太郎の文書スタイルを設定する
3　一太郎Padから文書を取り込む
4　脚注や連番を設定する
5　スタイルを設定する

6　文字数を確認する
7　写真を挿入する
8　文書を校正する
9　中扉のスタイルを設定する
10　目次を作成する

完成

※画面は、Google Pixel 3 XL、一部 iPhone 7 で作成しています。

1 一太郎Padでエッセイを執筆する

「一太郎Pad」でエッセイを執筆してみましょう。省入力ツールの種類をエッセイや小説に便利なものに切り替え、一太郎に取り込んだ際に自動で段落スタイルが設定される見出し機能も利用します。現在何文字書いているのか、文字数を確認することもできます。

1 - 1 省入力ツールを切り替える

省入力ツールは、5種類が用意されています。初期設定の省入力ツールから、エッセイの執筆に適した省入力ツールに切り替えます。切り替えは「設定」画面から行います。

省入力ツールを切り替える

1 メモ一覧で ⚙ をタップします。

2 [省入力ツール]をタップします。

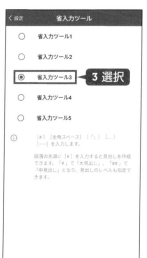
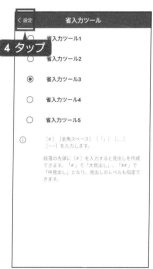

3 [省入力ツール3]を選択します。

4 左上の[<設定]をタップして設定画面に戻り[<メモ]をタップしてメモ一覧に戻ります。

一太郎Padで外出先でもエッセイを

1-2 エッセイを執筆する

省入力ツールが切り替わったところで、エッセイを執筆していきましょう。見出しを設定しておけば、一太郎に取り込んだ際、自動的に大見出しや小見出しといった段落スタイルが設定されるので非常に便利です。

見出しを設定する

1 をタップして新規入力画面を開きます。

2 省入力ツールが切り替わったことが確認できます。タイトルを入力します。

> **MEMO** 一太郎に取り込む際、タイトルを一太郎に挿入する設定にしておけば、タイトルに段落スタイルの「文書タイトル」が自動的に設定されます。

3 本文領域をタップしてカーソルを移動し、 # をタップします。

4 #と半角スペースが入力されました。

> **MEMO** キーボードから、半角の#と半角スペースを入力しても構いません。

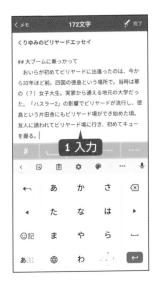

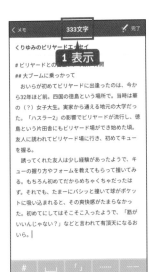

5 見出しを入力します。

MEMO #と半角スペースのセットを1つ入力すると、一太郎に取り込む際、段落スタイルの「大見出し」が自動的に設定されます（P125参照）。

6 もう一階層下の見出しを設定したい場合は、# を2回タップします。

7 #が2つ＋半角スペースが入力されます。

本文を入力する

1 本文を入力していきます。

文字数を確認する

1 現在入力している文字数が表示されます。

一太郎Padで外出先でもエッセイを

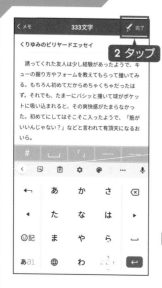

2 タップ

3 タップ

4 タップ

5 設定

2 完了 をタップしていったん執筆を中断します。

> **MEMO** 次の画面で左上の[<]をタップしてメモ一覧に戻ります。

3 メモ一覧で ⚙ をタップします。

4 [文字数]をタップします。

5 全角スペースや半角スペース、改行を含めるかどうかを設定します。

> **MEMO** [文字数]のチェックをオフにすると、文字数は表示されなくなります。

文字サイズを変更する

iOS用の一太郎Padに限り、文字サイズを変更することができます。設定画面を開き、「特大」「大」「中（標準）」「小」の4種類から選べます。

設定画面

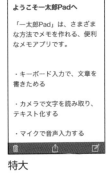
特大

大

中（標準）

小

 ## 音声入力を利用する

入力が手間なら、音声入力を用いることもできます。読点や句点、記号などは入力できないので一部手動で追加・修正する必要がありますが、かなり手間は省けます。

🎤 をクリックします。

「お話しください」と表示されたら、入力したい文章を話します。

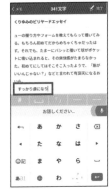
「すっかりとりこになり」としゃべると「すっかり虜になり」と、正確に変換・確定されました。

2 エッセイを一太郎に取り込む

「一太郎Pad」で書いたエッセイを一太郎に取り込んでみましょう。一太郎Padでタイトルとして入力した文字列は文書タイトルに、見出し記号を1つ入力していれば大見出しに、2つ入力していれば中見出しに変換されます。まずは一太郎を起動して文書スタイルを設定してから取り込みましょう。

2-1 文書スタイルを設定する

「きまるスタイル」で文書スタイルを設定します。一太郎2021では、使用フォントを游明朝、游ゴシック中心に変更されています。ここではA5横書きのスタイルを設定します。

「きまるスタイル」で
文書スタイルを設定する

1 ツールバーの [用紙や字数行数の設定（文書スタイル）] の右にある ▼ をクリックして、[きまるスタイル] を選択します。

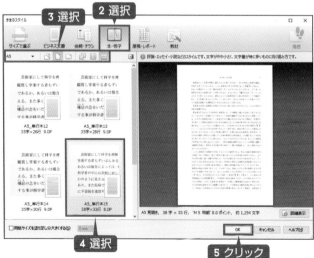

2 [きまるスタイル] ダイアログボックスが開くので、カテゴリーから [本・冊子] を選択します。

3 用紙で [A5] を、用紙の方向で [縦方向] を、文字組で [横組] を選択します。

4 [A5_単行本15] を選択します。

5 OK をクリックします。

2-2　一太郎Padからメモを取り込む

接続設定は済んだ状態で、一太郎Padから書きかけのエッセイを取り込みます。接続設定は3章で説明していますのでそちらを参照してください。「Padビューア」で、タイトルを取り込むかどうか、見出し変換をするかどうか、取り込み時にテキスト補正をするかどうかなどを設定します。

「Padビューア」を起動する

1 ■ [一太郎Padから挿入] をクリックします。

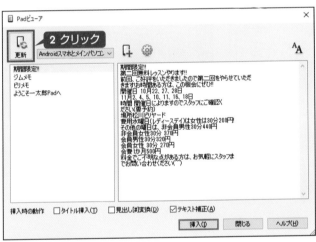

2 「Padビューア」が起動します。
[スマホからメモを転送] をクリックします。

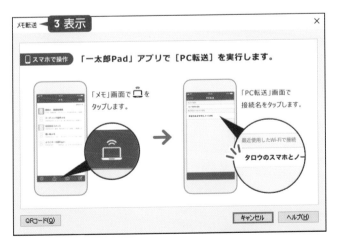

3 [メモ転送] 画面が表示されます。

一太郎Padで外出先でもエッセイを

117

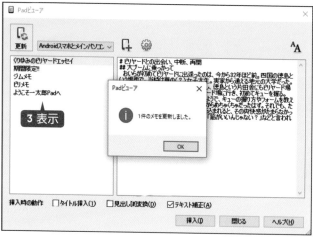

転送する

1 メモ一覧の画面で をタップします。

2 PC転送画面になるので、3章で設定した接続名をタップします。

3 Padビューアに転送されたメモが表示されます。

MEMO 中央のダイアログボックスは OK で閉じます。

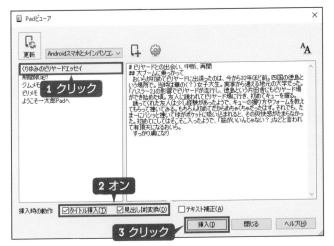

「Padビューア」で取り込み設定をする

1 取り込みたいメモをクリックして指定します。

2 [挿入時の動作]で「タイトル挿入」と「見出し[#]変換」のチェックをオンにします。

3 挿入 をクリックします。

4 カーソル位置にメモが挿入されます。

5 タイトルが文書タイトルの段落スタイルで挿入されました。

6 「#」を付けた行は大見出し、「##」を付けた行は中見出しのスタイルが設定されています。

> **MEMO** 最初の大見出しの先頭にカーソルを置いた状態で[調整]パレットの 🅟 [改ページ]をクリックし、タイトル部分は別ページにしておきましょう。

一太郎Padで外出先でもエッセイを

コラム **一太郎から一太郎Padへ送信する**

一太郎Padで書いた文書を一太郎に取り込むことができるうえ、一太郎2021では、書きかけの一太郎文書を一太郎Padに送信することもできるようになりました。作成していた文書の続きを一太郎Padで書くのに役立ちます。

1 一太郎Padに送信したい文書を開いた状態で 📱[一太郎Padから挿入]の右にある ▼ をクリックして、[一太郎Padへ送信]を選択します。

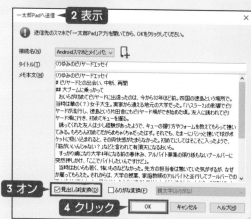

2 文書が取り込まれた状態で「一太郎Padへ送信」画面が開きます。

3 [見出し[#]変換]のチェックをオンにします。

4 OK をクリックします。

5 PC転送画面になるので、これまでに利用している接続名をタップします。

6 一太郎文書が一太郎Padに取り込まれます。

3 脚注や連番を設定する

脚注とは、本文の下に付ける補足や注釈のことです。一太郎には、脚注を設定する機能があり、脚注番号は自動的に連番がふられます。連番は、長文作成時に一章、二章や第1回、第2回などのように自動的に連続した番号をふる機能です。こちらも、途中に章を追加したり削除したりしても、自動的に数字がふり直されます。

3 - 1 脚注を設定する

ここではビリヤードの専門用語がたくさん出てくるので、一般の人にもわかるように欄外注で説明します。文章の流れを止めずに軽快に書き進める（読み進める）ためには、本文内で説明するよりも、欄外注で説明した方がわかりやすい場合もあります。

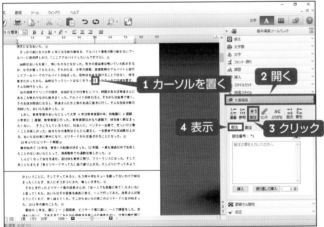

脚注を設定する

1 脚注番号を挿入したい位置にカーソルを置きます。

2 ［文書編集］パレットを開きます。

3 ［脚注］をクリックします。

4 ［脚注］タブを表示します。

5 脚注文章（本文下に記述したい補足説明）を入力します。

6 挿入 をクリックします。

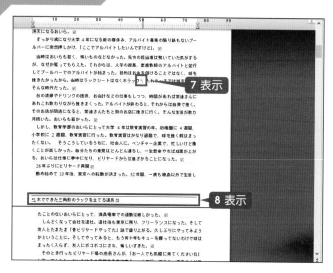

<table>
</table>

7 脚注番号が本文に表示されます。

8 入力した文章が脚注エリアに表示されます。

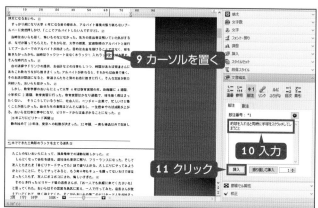

9 次の脚注番号挿入位置にカーソルを置きます。

10 同様に脚注文章を入力します。

11 挿入 をクリックします。

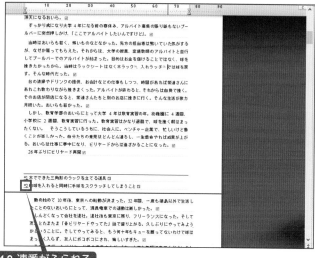

12 自動的に連番がふられました。

MEMO 他にも脚注を入れたい単語があれば適宜挿入しておきましょう。

3-2 連番を挿入する

連番機能を使うと、自動的に番号をふることができるだけでなく、章を追加したり削除したりしても、自動的に番号がふり直されます。最初に「第1章」や「図①」など、よく使う形式が登録されていますが、書き換えて流用することができます。

連番の形式を変更する

1 [文書編集］パレットの［連番］をクリックします。

1 クリック

2 選択

3 クリック

2 書式の一覧から似た書式を選択します。「第1回」としたいので、ここでは「第1章」を選択しています。

3 ⚙ [連番詳細設定］をクリックします。

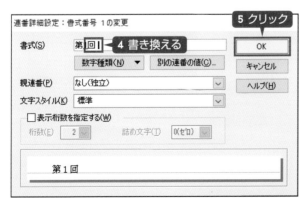

5 クリック

連番詳細設定：書式番号 1の変更

書式(S)　第[回]I　4 書き換える
　　　　　数字種類(N)　▼　別の連番の値(C)...
親連番(P)　なし（独立）
文字スタイル(K)　標準
□表示桁数を指定する(W)
　桁数(E) 2　詰め文字(I) 0(ゼロ)

OK
キャンセル
ヘルプ(H)

第 1 回

4 「章」を「回」に書き換え、「回」の後ろに半角スペースを挿入します。

5 OK をクリックします。

連番を挿入する

1 これで形式が変更できました。連番を挿入する位置にカーソルを置きます。

2 「第1回」を選択した状態で挿入をクリックします。

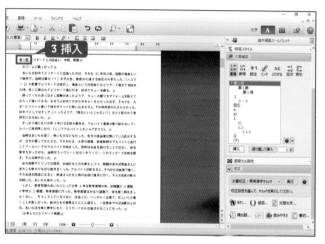

3 カーソル位置に連番が挿入されました。

MEMO 連番とタイトルとの間に間隔を空けたいので、連番に半角スペースを含めました。これで、連番を入力した際、手動でスペースを入力する手間が省けます。

4 次のタイトルの先頭にカーソルを置き、挿入をクリックします。

5 「第2回」と挿入されます。

MEMO 同様にして、「第3回」以降も入力しておきましょう。ジャンプパレットの[見出し]→[連番]に表示されたタイトルをクリックすると、その位置にジャンプできます。

4 ▶ スタイルを設定する

文書タイトル、大見出し、中見出しなどの段落スタイルは一太郎Padから文書を取り込んだ際にすでに自動で設定されているので、文書の全体デザインを設定します。スタイルセットを利用すれば、統一感のあるデザインにできます。スタイルセットを反映した後、微調整をしたい場合は各段落スタイルを個別に変更します。

4 - 1 ▶ スタイルセットを反映する

あらかじめ段落スタイルを設定しているので、自動的にスタイルをセットできます。「一太郎2021」では、「スタイルセット」のフォントを「游明朝」「游ゴシック」中心に変更し、配色などデザインもリニューアルしました。また、新たなスタイルセットを10点追加しています。

スタイルセットを反映する

1. [スタイルセット] パレットを開きます。

2. デザインの上にマウスポインターを重ねると、拡大表示してサンプルを確認できます。

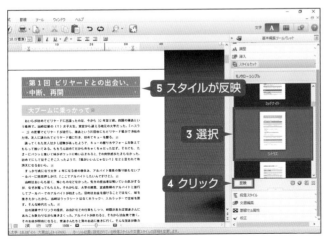

3. 使いたいデザインを選択します。ここでは、[シトラス] を選択しています。

4. 反映 をクリックします。

5. スタイルセットが適用されます。

4 - 2 　スタイルを個別に変更する

スタイルセットで設定したデザインを微調整したい場合は個別に段落スタイルを変更します。例えば、大見出しのスタイルを変更すれば、すべての大見出しに自動的に反映されます。ここでは、大見出しが2行目にあふれているので、フォントサイズを少し小さくして1行に収めましょう。

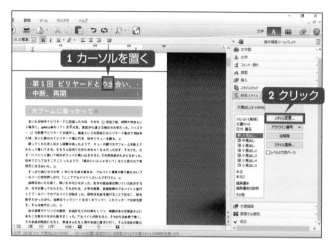

大見出しのスタイルを変更する

1 大見出しを設定したいいずれかの行にカーソルを置きます。

2 ［段落スタイル］パレットの スタイル変更 をクリックします。

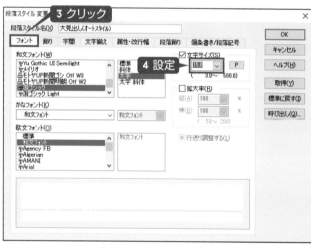

3 ［フォント］タブをクリックします。

4 ［文字サイズ］を［15］Pに設定します。

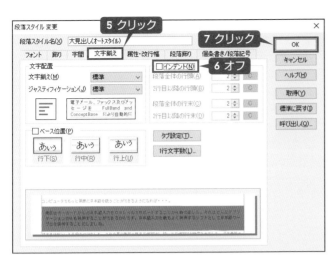

5　[文字揃え] タブをクリックします。

6　[インデント] のチェックをオフにします。

7　OK をクリックします。

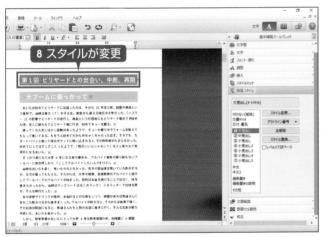

8　大見出しのインデントが解除され、フォントが少し小さくなりました。

MEMO
これですべての大見出しに変更が反映されます。

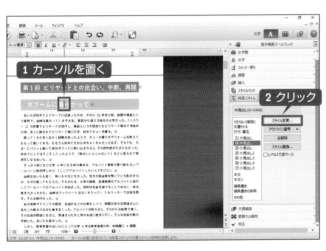

中見出しのスタイルを変更する

1　中見出しを設定したいずれかの行にカーソルを置きます。

2　スタイル変更 をクリックします。

一太郎Padで外出先でもエッセイを

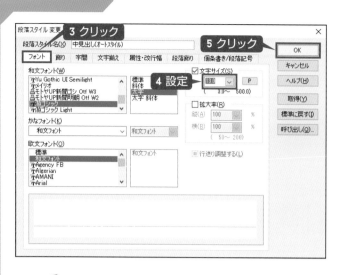

3 [フォント] タブをクリックします。

4 [文字サイズ] を [13] Pに設定します。

5 OK をクリックすると、すべての中見出しに変更が反映されます。

HINT 行取りを設定する

行取りとは、設定した行数の中央に見出しなどを配置することです。例えば「2行取り」の場合、2行の中央に見出しを配置できます。個別に設定できるほか、段落スタイルの中で設定することも可能です。

●個別に設定する

行取りを設定したい行を範囲指定し、[書式－改行幅－行取り]を選択します。[行取り]ダイアログボックスで[行数]と[行間]を指定すれば、行取りの設定は完了です。

●段落スタイルの中で設定する

段落スタイル変更ダイアログボックスで[属性・改行幅]タブをクリックし、[改行幅]のチェックをオンにします。[改行幅]で[行取り]を選択し、[行数]と[行間]を指定します。

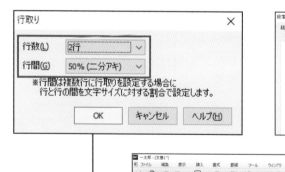

2行の中央にタイトルが配置され、段組を設定した文章でも左右の段がずれずにきれいにそろえることができます。

5 文書の文字数を確認する

長文を書いていると、作成途中で今どのくらい執筆したのか知りたいときがあります。公募小説に応募する場合には、文字数や原稿用紙枚数が規定されていることもあります。現在までの文字数を確認したり、目標文字数を設定して達成度を確認しながら書き進めたりすることができます。

5-1 ステータスバーで文字数を確認する

一太郎では、文書の文字数をステータスバーで確認できます。リアルタイムに文字数を確認できるので、記事や原稿など、文字数を意識しながら執筆することができます。ツールパレットを閉じた状態でも文字数を確認できるため、画面を広く使いたい方にもおすすめです。

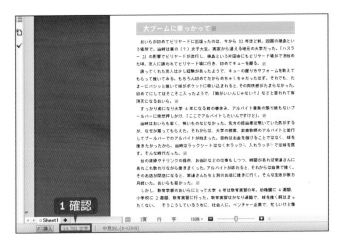

ステータスバーで
文字数を確認する

1 ステータスバーで文字数を確認できます。

HINT スペースを含めた文字数を確認する

スペースを含めた文字数を確認する設定に変更することもできます。

[ツール－オプション－オプション]を選択し、[グループ]で[操作環境－操作環境]を選択します。[項目一覧]の[ステータスバーに文字数を表示する]で[する(スペースを含める)]を選択します。

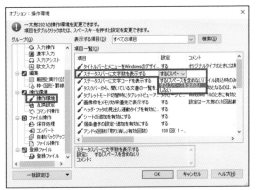

5-2 ［文字数］パレットで文字数を確認する

［文字数］パレットを使えば、文書の文字数や、その文書が原稿用紙に換算すると何枚になるかが表示されます。更新ボタンを押すことで追加した文字をカウントし直します。

ツールパレットで文字数を確認する

1 ［文字数］パレットを開きます。

2 総文字数と、400字詰めの原稿用紙に換算した場合の枚数が表示されます。

内容を更新する

1 ［文字数］パレットの ↻［更新］をクリックします。

2 加筆修正していた場合、文字数が更新されます。

MEMO ステータスバーに文字数を表示する設定にしている場合には、自動的に更新されます。

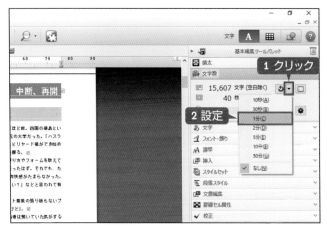

更新時間を設定して自動で更新する

1 ↻［更新］の右横の ▾［更新間隔］をクリックします。

2 更新間隔を設定します。

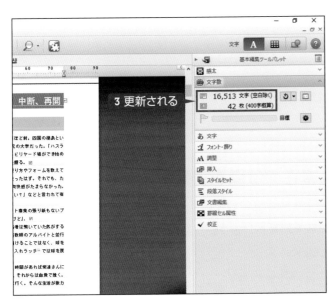

3 更新される

3 設定した時間が経過すると、自動的にパレットの内容が更新されます。

MEMO ステータスバーに文字数を表示する設定にしている場合には、自動的に更新されます。

MEMO 特定の一部を範囲指定して ⟳ [更新] をクリックすると、指定した範囲の文字数を確認することもできます。

HINT パレットを閉じても文字数が確認できる

ステータスバーに文字数を表示しない設定にしている場合、[文字数] パレットを閉じた状態でもパレット名の右側部分で現在の文字数を確認できます。

HINT 目標文字数を設定して書く

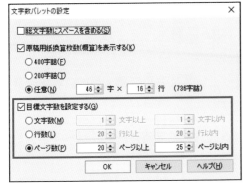

[文字数] パレットの ⚙ [設定] をクリックし、目標文字数を設定します。

目標とする文字数を設定しておくと、[文字数] パレットに今どのくらいまで達成できているかを横棒グラフで表示することができます。

目標の達成度が横棒グラフで表示されます。

6 写真を挿入する

一太郎に収録されている写真やイラストを挿入できるだけでなく、手持ちの写真を挿入することもできます。ここでは、エッセイの内容に関連した自分の写真を挿入してみましょう。

6 - 1 写真を挿入して大きさや位置を調整する

手持ちの写真をストレージの中から探して挿入してみましょう。写真はトリミングしたり大きさや位置を調整したりして、文章とのバランスを取りましょう。

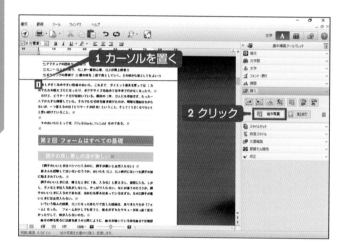

写真を挿入する

1 写真を挿入したい位置にカーソルを置きます。

2 [挿入] パレットの 絵や写真 [絵や写真の挿入] をクリックします。

3 [絵や写真] ダイアログボックスの [フォルダーから] を選択します。

4 左側で写真を保存しているフォルダーを指定します。

5 右側で挿入したい写真を選択します。

6 画像枠で挿入 をクリックします。

枠の基準を変更する

1 写真が挿入されます。

2 [枠操作] パレットの [枠の基準] で [行] を、[文字よけ] で [広い方に配置] を選択します。

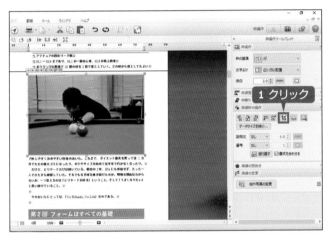

写真をトリミングする

1 [画像枠の操作] パレットの [トリミング] をクリックします。

2 [トリミング] ダイアログボックスで、表示したい範囲を設定します。

3 OK をクリックします。

4 トリミングされます。

大きさや位置を調整する

1 周囲のハンドルをドラッグして大きさを調整し、枠をドラッグして位置を調整します。

> **MEMO** 形や大きさが文章の分量とうまく合わない場合は、トリミングと大きさを何度か調整しながらベストな状態を探りましょう。

 HINT

写真のデータサイズを縮小する

データサイズを縮小することにより、ファイルサイズを小さくできます。[画像枠の操作] パレットの データサイズを縮小... をクリックし、解像度を設定します。画質が低下したと感じた場合はツールバーの ↺ [取り消し] をクリックして操作前の状態に戻し、解像度を高めに設定し直します。

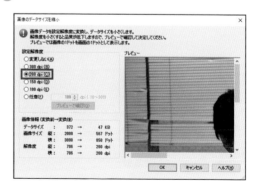

7 文書を校正する

エッセイが完成したら、誤字脱字や作法が間違っていないか確認しましょう。一太郎には強力な文書校正機能があります。小説用の文書校正を使用すると、括弧内のくだけた表現や、擬音語、擬態語のチェックを外すなど、エッセイにも最適な方法で校正結果を表示してくれます。

7-1 小説用設定で文書の誤りをチェックする

用意された小説用設定で、誤字脱字や作法の間違いをチェックしましょう。誤字脱字のほかに、約物の使い方などもチェックできます。

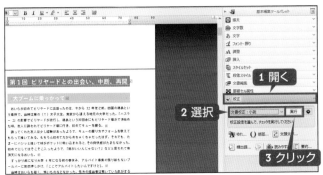

文書校正を実行する

1　[校正]パレットを開きます。

2　文書校正の種類を選択します。ここでは[文書校正:小説]を選択します。

3　[実行]をクリックします。

4　文書校正の実行が完了したら、項目ごとの指摘個所を確認します。

5　[ジャンプパレットに一覧を表示する]がオンになっていることを確認します。

6　[閉じる]をクリックします。

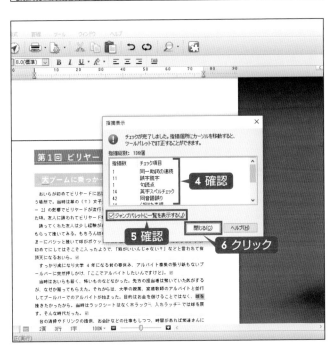

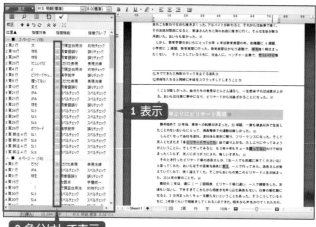

1 表示

2 色分けして表示

1 ジャンプパレットに指摘項目が一覧表示されます。

2 指摘の種類ごとに色が設定されており、編集画面の指摘個所も色分けして表示されます。

指摘一覧の表示方法を変える

ジャンプパレットの指摘項目一覧は、文書の先頭から順に表示されています。これを逆順にしたり、[指摘対象]、[指摘機能]、[指摘グループ]などで並べ替えたりできます。いずれも項目名の部分をクリックすることで昇順、降順をワンクリックで変更できます。

位置昇順　　　　　　　　　指摘対象昇順　　　　　　　　指摘機能昇順

7-2 指摘があった個所を確認して修正する

指摘の中で、気になるものがあれば確認して間違っていれば修正しましょう。画面左側のジャンプパレットと、画面右側のツールパレットを活用して次々と修正していきます。エッセイなので、「自分の表現」である個所は修正せずに指摘を消去しましょう。

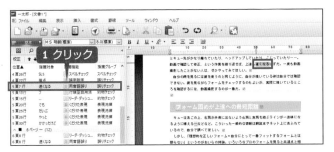

指摘個所を修正する

1 気になる指摘個所をジャンプパレットでクリックします。

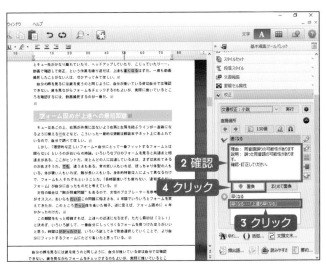

2 [校正] パレットで、指摘された理由を確認します。

3 置換候補をクリックします。自分で入力することもできます。

4 ［⬇ 置換］ をクリックします。

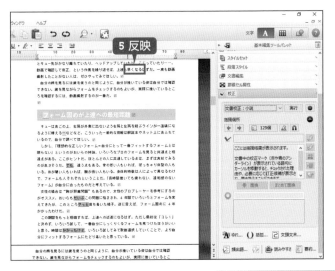

5 修正が反映され、正しい表現になりました。

MEMO 修正したい指摘を反映したあと、[全校正マークをクリア]をクリックすると、不要な指摘はクリアされます。

8 文書の体裁を整える

体裁を整えましょう。文書タイトルには「中扉」を設定してみましょう。また、大見出しや中見出しの設定を利用して目次を自動的に作成します。目次は「目次ギャラリー」でデザインを選ぶことができます。

8 - 1 中扉のページスタイルを設定する

中扉は、タイトルなどを1ページ分使って表示します。設定したページだけは本文とは別のスタイルにすることができます。「中扉」は、横書きなら上下中央、縦書きなら左右中央に自動的に文字を揃えることができます。

中扉を設定する

1 中扉を設定したい範囲を選択します。

2 「書式－ページスタイル/中扉/奥付－中扉の設定」を選択します。

> **MEMO** 文書タイトルは、区切りのいい位置で改行しています。

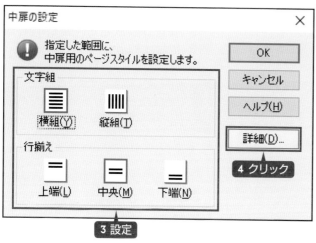

3 設定

3 中扉の書式を設定します。[文字組]で縦組みか横組みか、[行揃え]で上端、中央、下端のいずれかを選択します。ここではそれぞれ、[横組]、[中央]を選択しています。

4 [詳細]をクリックします。

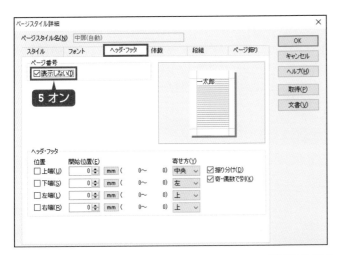

5 [ヘッダ・フッタ] タブの [ペー
ジ番号] で [表示しない] の
チェックをオンにします。

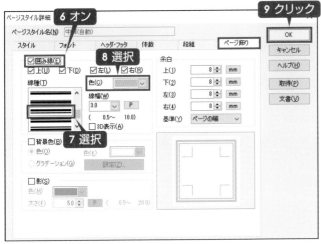

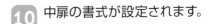

6 [ページ飾り] タブで [囲み線]
のチェックをオンにします。

7 [線種] で二重線を選択します。

8 [色] で文書タイトルの塗りつぶ
しと同じ色を選択します。

9 OK をクリックします。[中扉
の設定] ダイアログボックスも
OK をクリックして閉じます。

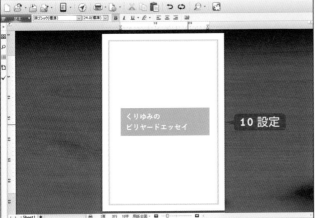

10 中扉の書式が設定されます。

MEMO ページを独立させていなくても、自動的
に中扉用のページが設定されます。

MEMO 中扉のスタイルを解除したい場合は、
[書式－ページスタイル/中扉/奥付－
中扉の解除] を選択し、中扉ページ内で
クリックします。

MEMO ページ囲み線がわかりやすいように表
示倍率を「用紙全面」、編集画面タイプ
を「印刷イメージ」にし、ページとペー
ジの間をクリックしてページ間マージン
領域を表示しています。

一太郎 Pad で外出先でもエッセイを

タイトルをセンタリングする

1 タイトルを選択し、［調整］パレットの ☰［センタリング］をクリックします。

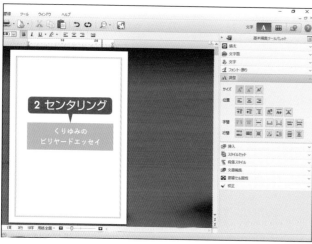

2 タイトルがセンタリングされました。

MEMO

執筆日時や著者名などを巻末に記載する「奥付」を設定することもできます。「書式－ページスタイル／中扉／奥付－奥付の設定」で、中扉の設定の要領で設定します。

8-2 目次を作成する

目次を作成します。大見出しと中見出しにはあらかじめ段落スタイルを設定しているため、それらの項目は自動で目次行として設定されています。[目次ギャラリー] を利用すれば、文書の内容に応じて最適な目次デザインを選べます。

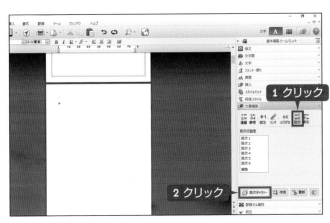

目次を作成する

1 [文書編集] パレットの [目次] をクリックします。

2 [目次ギャラリー] をクリックします。

> **MEMO** 第1回の行先頭で改ページし、大見出しが引き継がれた場合は、[段落スタイル] パレットで [付けない（解除）] を選択して書式を解除しておきます。

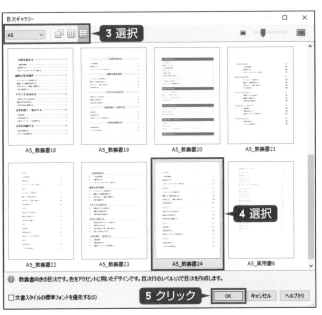

3 [A5] サイズ、[横組] を選択します。

4 使いたいデザインを選択します。ここでは [A5_教養書24] を選択しています。

5 [OK] をクリックします。

6 目次の挿入位置をクリックします。

7 目次が作成されます。

レイアウトを整える

1 目次行をすべて選択した状態で［調整］パレットの ≣ ［改行幅せまく］を2回ほどクリックします。

2 少し次ページにはみ出ていた行が1ページに収まりました。

ニュースリリースを作ってみよう

企業が対外的に情報を発信するためのリリース文書を作成します。リリース文書では、情報を
いかに見やすく整理して伝えるかを意識して、見出しを適切に付けたり、個条書きで要点を強
調したりといった工夫をする必要があります。また、内容に説得力を持たせるためには、写真
やグラフ、さらにその出典などを盛り込むと効果的です。

ニュースリリース

スタイルセットを設定

ニュースリリース

2021年5月20日

KAWASAKIスタートアップラボ、始動

偉大な製品は、情熱的な人々からしか生まれない
（桑原晃弥『スティーブ・ジョブズ　世界を動かした142の言葉』2011年）

そんな情熱的な人々に、ここ川崎に一堂に会してもらい、英知を結集してイノベーションをうみ出してほしい。遊牧の気性を育む土壌を作りたい。そんな想いでDAISHI TECHが立ち上げたプロジェクトが、「KAWASAKIスタートアップラボ」です。本プロジェクトの概要が決定しましたので、今回発表させていただきます。

「KAWASAKIスタートアップラボ」とは？

KAWASAKIスタートアップラボは、スマートシティ構想を活用支援を提供するDAISHI TECHの協業による、ITスタートプロジェクトです。本プロジェクトの主要サービスメニュー

■ JR川崎駅直結のインテリジェントオフィスの提供
駅直結のインテリジェントビル「フロンティアKawasaki」に、3フロア、21オフィスを確保。それぞれに高速バックボーンをベースにしたWi-Fi も/5G回線完備。各フロアに共用スペースも用意。オフィス賃料は市の支援プログラム適用で実店相場の50〜60%オフ。

■ IT導入サポート
調達からキャッティング、更新に至るITライフサイクル運用管理等、サービスとして提供。起業における初期投資をゼロに。

先進的オフィスで快適ワーク

■ 駅周辺1km圏内12箇所のコワーキングスペース開設
駅周辺にオフィスのある企業の従業員、フリーエンジニア専用のコワーキングスペースを提供。すべての施設間で当社提供のVPN網で接続されることによって、すべての利用可能。施設によっては、パーティションで区切ら合は要事前予約。予約方法はオンラインのみの予定。軽食、ソフトドリンク類を提供予定（アルコール類の提供

写真を挿入

写真の説明文の追加

きまるスタイルを利用

引用文と出典を挿入

個条書きを設定

1

なぜ、川崎なのか？

本プロジェクトを立ち上げた背景には、近年の川崎駅および市内主要駅周辺の目覚ましい発展があります。2000年代初頭の大規模再開発後、各駅への来訪者、市外からの移住者がともに増加しており（下記グラフ参照）、新たなビジネスを展開するための土壌が整いつつあります。

もう1つ、川崎が古くから、国内屈指の重工業地域であるという理由も挙げられます。現在、工場の汗と涙がしみこんだ土地は、さまざまな地域でした。実際、川崎駅周辺で多くの新たなオフィスを開設するIT系企業も、増加傾向にあります（下記グラフ参照）。

平日日中でもにぎわう川崎駅周辺

グラフを挿入

市川崎駅／京急川崎駅平均乗降客数

川崎／主要駅周辺の企業数

データの出典を挿入

「川崎市公式ウェブサイト」（https://www.city.kawasaki.jp/）参照 2020年11月19日）

川崎でチャンスをつかむなら、今！

長年構想してきたプロジェクトが、いよいよ日の目を見るときを迎え、私たちも興奮を抑えられずにいます。正式なスタートは2021年内を予定しておりますが、本プロジェクトに関心をお持ちいただけましたら、遠慮なくお問い合わせください。川崎でチャンスをつかむなら、今です！私たちに川崎の新たなステージを見せてください！

DAISHI TECHについて

1971年の創業以来、一貫して地域に根ざした技術支援、IT導入と運用支援事業を展開。先端ITをいち早く取り入れ、それを社会や事業利益創出に活用することを、事業理念としています。

お問い合わせ　contact@daishi-tech.xxxx.co.jp
044-544-xxxx（代表）

2

操作の流れ

1　きまるスタイルで文書の体裁を設定する

2　スタイルセットで文書のデザインを統一する

3　個条書きやインデントを設定する

4　引用文を挿入する

5　写真を挿入、レイアウト、加工する

6　グラフとそのデータの出典を挿入する

7　文書全体の誤字脱字、言い間違いをチェックして修正する

完成

1 文書スタイルを設定する

まずはリリース文書の用紙サイズ、1行の文字数、1ページあたりの行数、メインで使用するフォントなど、ベースとなる部分を設定します。ここでは、「きまるスタイル」を使用してこれらを一括設定してから、テキストを入力していきます。

1-1 「きまるスタイル」で文書スタイルを設定する

「きまるスタイル」を使えば、用紙サイズや1ページの行数・文字数などといった文書スタイルを一括して設定できます。「きまるスタイル」には多数の文書スタイルが用意されており、用途に応じて選択して、編集中の文書に適用できます。

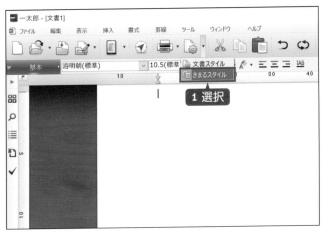

「きまるスタイル」を設定する

1 ツールバーの [用紙や字数行数の設定（文書スタイル）] の右にある ▼ をクリックして、[きまるスタイル] を選択します。

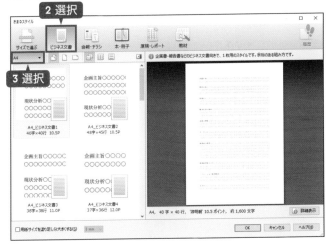

2 [きまるスタイル] ダイアログボックスが開くので、カテゴリーから [ビジネス文書] を選択します。

3 用紙サイズで [A4] を選択します。

> **MEMO**
> [きまるスタイル] ダイアログボックスで、画面左の一覧から目的のスタイルをクリックすると、画面右にそのプレビューが表示されます。プレビュー下の 詳細表示 をクリックすると、用紙上下左右の余白サイズや、フッタ／ヘッダの有無など、文書スタイルの詳細を確認できます。

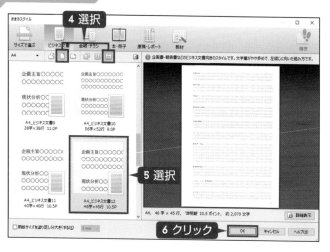

4 用紙の方向で［縦方向］、文字組で［横組］を選択します。

5 ［A4ビジネス文書12］を選択します。

6 OK をクリックします。

7 選択した文書スタイルが設定されました。

HINT　1行の文字数や行数を個別に変更したい

きまるスタイルで文書スタイルを選択すると、その文書スタイルに応じた既定の設定が適用されますが、1行あたりの文字数、1ページあたりの行数、さらに文書上下左右の余白などを個別に設定することもできます。ツールバーの ［用紙や字数行数の設定（文書スタイル）］をクリックし、［文書スタイル］ダイアログボックスの［スタイル］タブで設定してください。

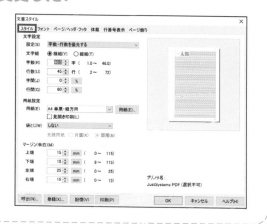

1-2 テキストを入力して全体のボリュームを確認する

文書スタイルを設定したら、文書のタイトルや見出し、本文などのテキストを入力します。タイトルや見出しなどの目立たせたい部分は、後から簡単に書式を設定できるので、まずは文書に掲載する情報を一通り入力しましょう。

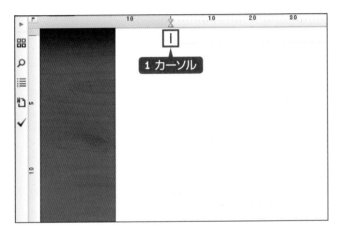

テキスト入力を開始する

1 テキストを入力する位置にカーソルを移動します。

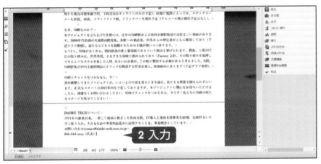

2 テキストを最後まで入力します。

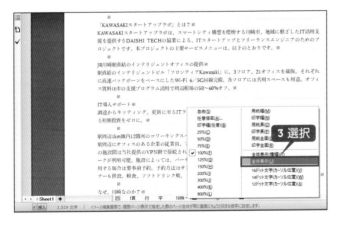

3 画面下の［倍率表示］をクリックし、［全体表示］を選択して、文書全体のテキスト分量のバランスを確認できます。

MEMO 元の倍率に戻すには、［倍率表示］で［100%］を選択します。

2　リリース文書の各要素に書式を設定して見やすくする

テキストを入力したら書式を設定します。まずは「スタイルセット」を使って文書全体の
デザインを決めて、続けてタイトルや見出し、本文といった文書の要素ごとに最適な書
式を設定しましょう。個条書きやインデントの設定で、文書はさらに見やすくなります。

2 - 1　スタイルセットを文書に適用する

「スタイルセット」は、文書のタイトルや見出し、本文、個条書きなど、要素ごとの書式設定や段
落設定をまとめたものです。最初にスタイルセットを適用することで、全体のデザインが統一さ
れるようになり、より見栄えのする仕上がりの文書になります。

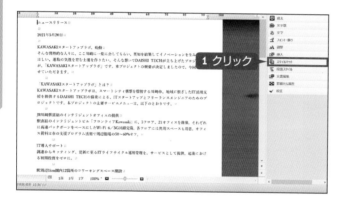

スタイルセットを選択する

1　[スタイルセット] パレットをクリックして開きます。

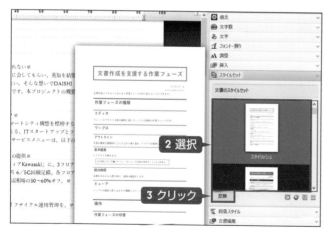

2　スタイルセットが一覧表示されるので、目的のスタイルセットをクリックします。ここでは [スタイリッシュ] を選択しました。

3　反映 をクリックします。

> **MEMO**
> スタイルセットでは、各要素に統一感のある色が設定されていますが、スタイルセットの適用後に色を一括変更できます。変更するには、[スタイルセット] パレットで ⚙ [色の一括変更] をクリックして、表示される [カラースキーマ] ダイアログボックスで色の彩度や明度などを調整します。

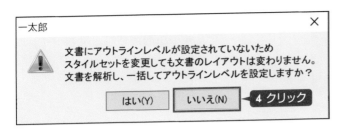

4 一括してアウトラインレベルを設定するかどうかのメッセージが表示されるので、 いいえ をクリックします。

> **MEMO** はい をクリックすると、文書内のタイトルや見出しが自動的に検出され、それぞれに最適な書式や文字装飾が自動的に設定されます。

2-2 タイトルや見出しに段落スタイルを設定する

スタイルセットを文書に適用したら、今度は文書のタイトルや見出し、日付などの各要素に段落スタイルを適用します。目的の段落スタイルをクリックするだけで、フォントサイズや文字色、文字揃えなどの複数の書式がまとめて設定されるので便利です。

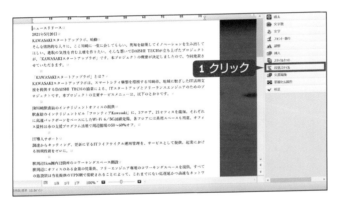

文書タイトルに段落スタイルを設定する

1 [段落スタイル] パレットをクリックして開きます。

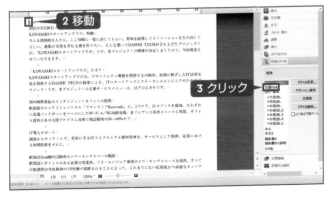

2 段落スタイルを適用する段落にカーソルを移動します。

3 [段落スタイル] パレットの [文書タイトル] をクリックします。

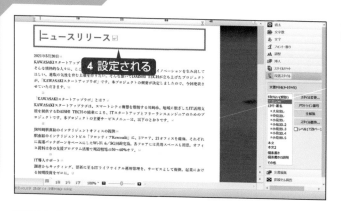

4 カーソルのある段落に段落スタイルが適用され、文書タイトル用の書式や文字飾りなどが設定されます。

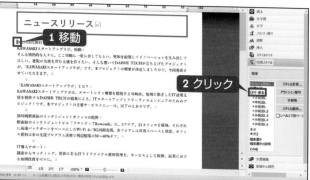

日付に段落スタイルを適用する

1 日付が入力された段落にカーソルを移動します。

2 [段落スタイル] パレットの [日付・署名] をクリックします。

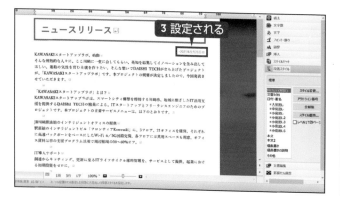

3 カーソルのある段落に段落スタイルが適用され、右揃えになります。

MEMO

段落スタイルを解除するには、解除する段落にカーソルを移動し、[段落スタイル]パレットの[付けない(解除)]をクリックします。また、[全解除]をクリックすると、文書内に適用されたすべての段落スタイルが解除されます。

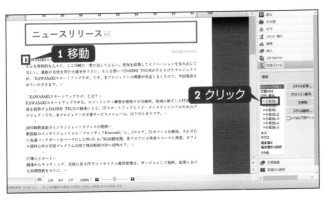

見出しに段落スタイルを適用する

1 見出しが入力された段落にカーソルを移動します。

2 [段落スタイル]パレットの[大見出し]をクリックします。

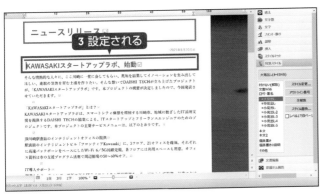

3 カーソルのある段落に段落スタイルが適用され、大見出し用の書式や文字飾りなどが設定されます。

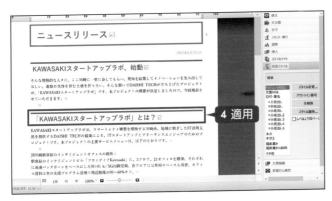

4 同様に操作して、他の見出しにも[大見出し]の段落スタイルを適用します。

> **MEMO**
> 複数の段落を選択した状態で、[段落スタイル]パレットで目的の段落スタイルをクリックすると、選択中の段落すべてに同じ段落スタイルを一括して適用できます。
> 複数の段落を選択するには、Ctrl キーを押しながら目的の段落をドラッグします。

ニュースリリースを作ってみよう

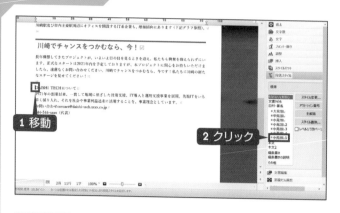

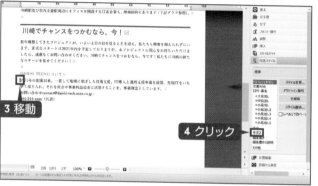

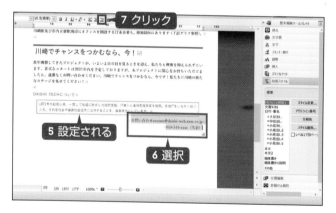

欄外の会社情報に段落スタイルを適用する

1 会社情報の見出しの段落にカーソルを移動します。

2 [段落スタイル] パレットの [小見出し5] をクリックします。

3 会社情報の見出しに段落スタイルが適用されるので、続けて会社情報の本文の段落にカーソルを移動します。

4 [段落スタイル] パレットの [本文2] をクリックします。

5 会社情報の本文に段落スタイルが適用されます。

6 問い合わせ先が記載された行を選択します。

7 コマンドバーの ☰ [右寄せ] をクリックして右揃えにします。

2-3 段落スタイルをカスタマイズする

段落スタイルによって文書の各要素にまとめて適用される書式は、その一部を変更することができます。書式を変更すると、同じ段落スタイルが適用された文書内の他の個所も同じ書式に変更されるので、文書全体のデザインの統一感は損なわれません。ここでは、文書のタイトル部分の背景に色を付け、文字色も変更します。

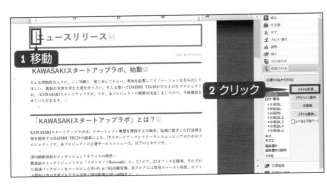

タイトルの書式を変更する

1 タイトルの段落にカーソルを移動します。

2 [段落スタイル] パレットの スタイル変更 をクリックします。

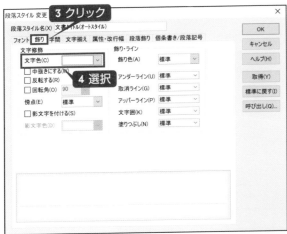

3 [段落スタイル 変更] ダイアログボックスが表示されるので、[飾り] タブをクリックします。

4 [文字色] で文字の色を選択します。

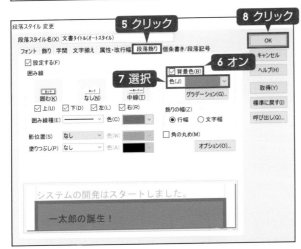

5 [段落飾り] タブをクリックします。

6 [背景色] のチェックをオンにします。

7 [色] で背景色を選択します。

8 OK をクリックします。

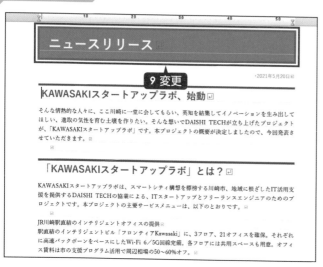

9 タイトルの段落の文字色、背景色が変更されます。

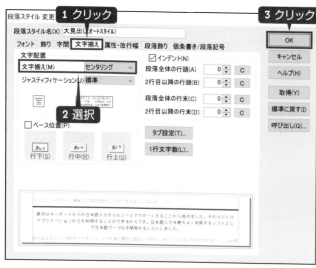

大見出しの書式を変更する

1 大見出しの段落にカーソルを移動して［段落スタイル］パレットの スタイル変更 をクリックし、［文字揃え］タブをクリックします。

2 ［文字揃え］で［センタリング］を選択します。

3 OK をクリックします。

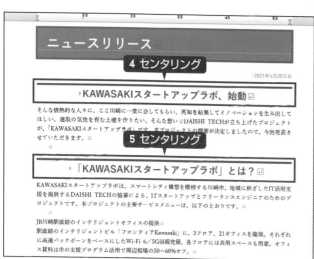

4 段落スタイルの［大見出し］が設定された段落のテキストがセンタリング（中央揃え）されます。

5 同じ段落スタイルが適用された他の段落も、同様にセンタリングされます。

2-4 ▶ 個条書きやインデントで、文書をより見やすくする

文書の中で特に訴求したいポイントを強調して列挙する場合は、個条書きにすると効果的です。また、複数の文章が連続するような場合は、内容の区切りごとに改行して段落にしますが、段落の先頭を1文字分字下げすると段落の開始位置が見やすくなります。

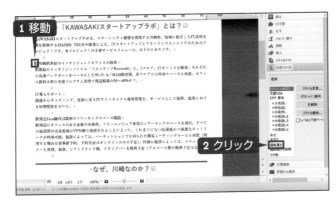

個条書きの説明文にする

1 個条書きにする段落にカーソルを移動します。

2 [段落スタイル] パレットの [個条書き] をクリックします。

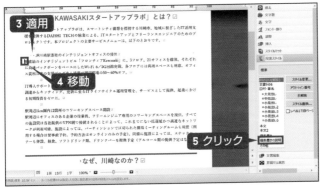

3 個条書きの段落スタイルが適用されます。行の先頭に個条書きの記号が挿入され、段落全体が字下げされます。

4 個条書きの説明文の段落にカーソルを移動します。

5 [段落スタイル] パレットの [個条書きの説明] をクリックします。

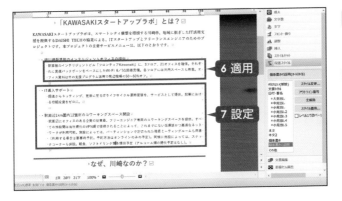

6 個条書きの説明の段落スタイルが適用されます。

7 同様の操作で、他の段落にも個条書きと個条書きの説明の段落スタイルを設定します。

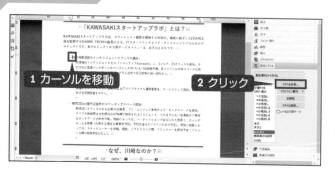

個条書きの行頭記号を変更する

1 ［個条書き］の段落スタイルが設定された段落にカーソルを移動します。

2 ［段落スタイル］パレットの スタイル変更 をクリックします。

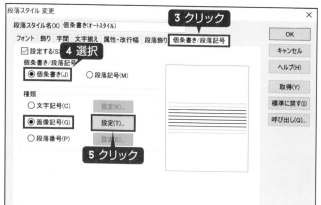

3 ［段落スタイル 変更］ダイアログボックスが表示されるので、［個条書き/段落記号］タブをクリックします。

4 ［個条書き］を選択します。

5 ［画像記号］を選択して 設定 をクリックします。

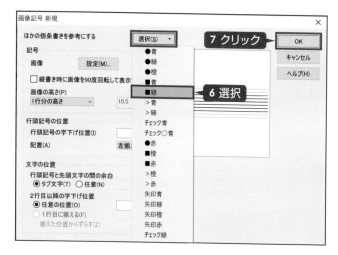

6 選択 をクリックして、目的の行頭記号を選択します。

7 OK をクリックして、続けて［段落スタイル 変更］ダイアログボックスでも OK をクリックします

8 段落スタイルの［個条書き］が設定された段落の行頭記号がまとめて変更されます。

左側の操作画面

```
10          10                          60
    ▶ 2 マウスポインターを合わせる
              ▶ 「KAWASAKIスタートアッ
```

KAWASAKIスタートアップラボは、スマートシティ構想を標榜
援を提供するDAISHI TECHの協業による、ITスタートアップ
ロジェクトです。本プロジェクトの主要サービスメニューは、以

■ JR川崎駅直結のインテリジェントオフィスの提供
1 移動 ──▶ 駅直結のインテリジェントビル「フロンティアKawasaki」（
　　　　　れに高速バックボーンをベースにしたWi-Fi 6／5G回線完備
　　　　　フィス賃料は市の支援プログラム活用で周辺相場の50〜60%

■ IT導入サポート
　　調達からキッティング、更新に至るITライフサイクル運用管
　　る初期投資をゼロに。

■ 駅周辺1km圏内12箇所のコワーキングスペース開設

```
10      10    20    30    40    50    60
```

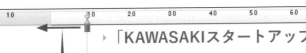

　　　　　　　　　　　▶ 「KAWASAKIスタートアッ

KA WASAKIスタートアップラボは、スマートシティ構想を標榜
3 ドラッグ るDAISHI TECHの協業による、ITスタートアップ
ロジェクトです。本プロジェクトの主要サービスメニューは、以

■ JR川崎駅直結のインテリジェントオフィスの提供
　　駅直結のインテリジェントビル「フロンティアKawasaki」（
　　れに高速バックボーンをベースにしたWi-Fi 6／5G回線完備
　　フィス賃料は市の支援プログラム活用で周辺相場の50〜60%

■ IT導入サポート
　　調達からキッティング、更新に至るITライフサイクル運用管
　　る初期投資をゼロに。

```
10    10    20    30    40    50    60    70    80    90   100   11
```

　　　　　　「KAWASAKIスタートアップラボ」とは？

KAWASAKIスタートアップラボは、スマートシティ構想を標榜する川崎市、地域に根ざしたIT活用支
援を提供するDAISHI TECHの協業による、ITスタートアップとフリーランスエンジニアのためのプ
ロジェクトです。本プロジェクトの主要サービスメニューは、以下のとおりです。

■ JR川崎駅直結のインテリジェントオフィスの提供
　　駅直結のインテリジェントビル「フロンティアKawasaki」に、3フロア、21オフィスを確保。それぞれに
　　高速バックボーンをベースにしたWi-Fi 6／5G回線完備。各フロアには共用スペースも用意。オフィス賃料
　　は市の支援プログラム活用で周辺相場の50〜60%オフ。

■ IT導入サポート
　　調達からキッティング、更新に至るITライフサイクル運用管理を、サービスとして提供。起業における初
　　期投資をゼロに。

■ 駅周辺1km圏内12箇所のコワーキングスペース開設
　　駅周辺にオフィスのある企業の従業員、フリーエンジニア専用のコワーキングスペースを提供。すべての
　　施設間は当社提供のVPN網で接続されることによって、これまでにない低遅延かつ高速なネットワークが
　　利用可能。施設によっては、パーティションで区切られた簡易ミーティングルームも用意（利用する場
　　合は要事前申込。予約方法はオンラインのみの予定）。同様に施設によっては、スナックコーナーも併設。
　　軽食、ソフトドリンク類を提供予定（アルコール類の提供予定はなし）。」

4 移動 ──▶ なぜ、川崎なのか？

右側の解説

段落全体のインデントを移動する

1 インデントを変更する段落にカーソルを移動します。

2 画面上部のルーラーにあるインデントマーク下端付近にマウスポインターを合わせます。

> **MEMO**
> 個条書きと同様、インデントも段落スタイルを変更することで移動できます（次ページ参照）。ここでは、実際に画面で位置を確認しながら設定したいため、インデントマークを利用しています。

3 ［行頭インデント全体を移動します］と表示されるので、これを左方向にドラッグします。

4 段落全体のインデントが移動します。同様の操作で、他の個条書きの説明文の段落のインデントも移動します。

> **MEMO**
> インデントとは、字下げ（の位置）のことです。インデントを揃えることで、文書全体が整然として見えるようになる他、左の例のように個条書きの行頭記号より、説明文のインデントを下げることで、個条書きの見出しを目立たせることができます。

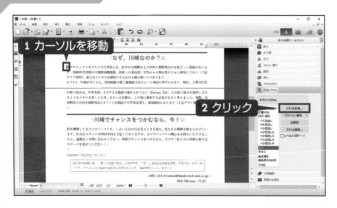

段落先頭行を 1文字分字下げする

1 段落スタイルの[本文]が設定された段落にカーソルを移動します。

2 [段落スタイル]パレットの スタイル変更 をクリックします。

3 [段落スタイル 変更]ダイアログボックスが表示されるので、[文字揃え]タブをクリックします。

4 [インデント]のチェックをオンにします。

5 [段落全体の行頭]を「2」Cに設定します。

6 [2行目以降の行頭]を「0」Cに設定します。

7 OK をクリックします。

> **MEMO** 2C(カラム)で全角1文字分となります。

8 段落の1行目が1文字分字下げされます。他の[本文]の段落スタイルが設定された段落も同様に字下げされます。

> **MEMO** 1行目のインデントを移動する代わりに、スペースキーを押して空白を入力しても、見た目は1文字分の字下げになります。ただしこの方法では、段落末で改行した後に次の段落の先頭に1文字分の字下げは引き継がれません。

3 著作権に配慮しながら文章を引用する

名言やデータなどを、文書内に引用して使いたい場合は、その著作権に配慮する必要があります。具体的には、それが引用であるとひと目でわかるようにして、その引用元の書籍名やWebページのタイトルなどを併記するようにします。

3-1 引用する文章をコピーして文書に貼り付ける

「引用として貼り付け」機能を使うと、他のアプリなどでコピーした文章を、一太郎で作成中の文書内に、引用文とひと目でわかる体裁で貼り付けることができます。もちろん、引用文を貼り付けた後でも、その体裁を保ったまま引用文を編集できます。

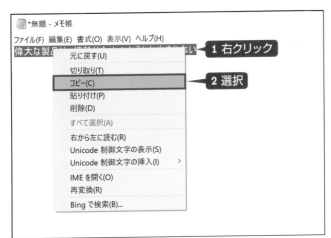

引用する文章をコピーする

1 メモ帳やWebページなどで引用する文章を選択し、右クリックします。

2 [コピー] を選択します。

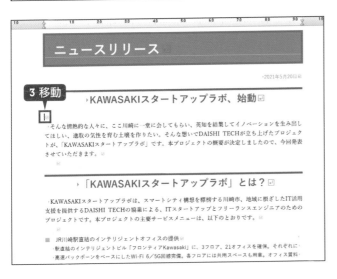

一太郎の文書に貼り付ける

3 一太郎で文書を開き、引用文を貼り付ける位置にカーソルを移動します。

4 [編集－形式を選択して貼り付け－引用として貼り付け] を選択します。

引用文の体裁を設定する

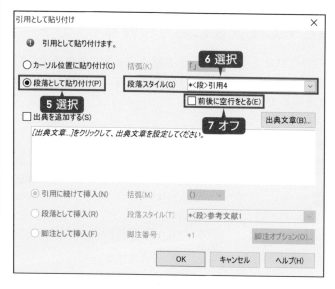

5 [引用として貼り付け] ダイアログボックスが表示されるので、[段落として貼り付け] を選択します。

6 [段落スタイル] で引用文の体裁を選択します（P163のコラム参照）。

7 [前後に空行をとる] のチェックをオフにします。

---

3 - 2 **引用元の情報を併記する**

続けて引用元の情報を入力、設定します。これらの操作は、[引用として貼り付け] ダイアログボックスで [出典文章] をクリックすると表示される画面で行います。引用元の媒体は、書籍、論文、Webページのいずれかから選択し、それによって入力内容が変わります。

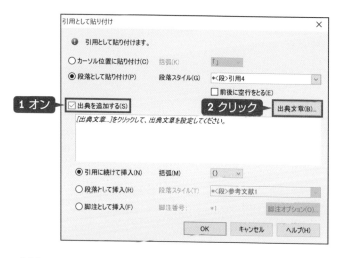

引用元の情報を入力する

1 引用文の体裁についての設定が済んだら、[出典を追加する] のチェックをオンにします。

2 [出典文章] をクリックします。

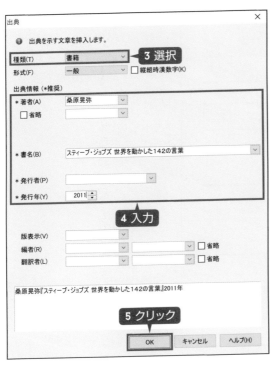

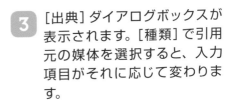

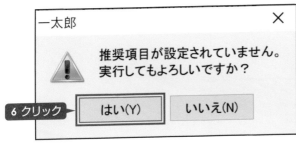

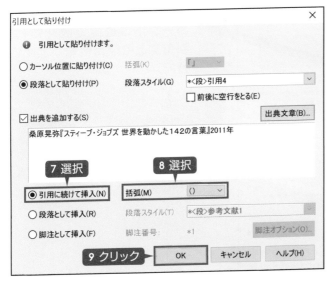

3 [出典] ダイアログボックスが表示されます。[種類] で引用元の媒体を選択すると、入力項目がそれに応じて変わります。

4 著者名や書名、発行者、発行年などを入力します。

5 OK をクリックします。

6 [出典] ダイアログボックスで「＊」が付いた項目に入力されていない場合、確認のメッセージが表示されます。そのままでいい場合は はい をクリックします。

7 [引用として貼り付け] ダイアログボックスに戻るので、[引用に続けて挿入] を選択します。

8 [括弧] で引用元情報を囲む括弧の種類を選択します。

9 OK をクリックします。

MEMO
[引用として貼り付け] ダイアログボックスで [脚注として挿入] を選択すると、引用が貼り付けられたページの下部欄外に、出典の情報が挿入されます。

第5章

ニュースリリースを作ってみよう

161

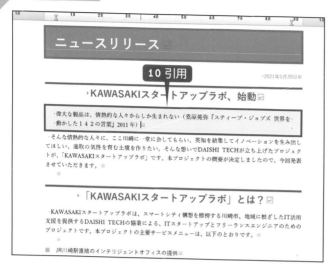

10 引用文とその引用元情報が貼り付けられ、P160の手順 **6** の［段落スタイル］で選択した体裁が適用されます。

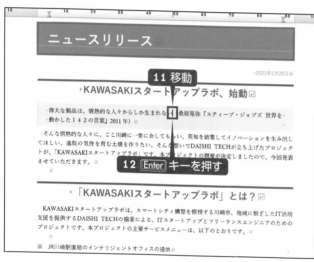

11 引用文と引用元情報の間にカーソルを移動します。

12 Enter キーを押します。

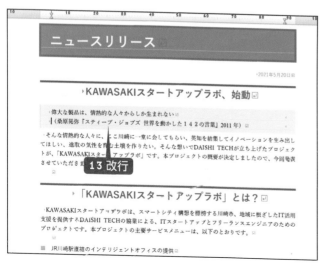

13 カーソルの位置で改行され、引用文と引用元情報が別々の行に分かれます。

MEMO

［引用として貼り付け］ダイアログボックス下の［段落として挿入］を選択して、OK をクリックすると、引用文だけが貼り付けられます。その直後に文書内の任意の位置をクリックすると、その位置に引用元情報が入力されます。

HINT 引用文の段落スタイル

[引用として貼り付け]ダイアログボックスの[段落スタイル]では、引用文に適した以下の5つの段落スタイルを選択できます。

なお、[引用として貼り付け]ダイアログボックスで、[出典を追加する]の下にある[段落として挿入]を選択すると、出典にも段落スタイルを適用できます。出典に適した段落スタイルとしては、[参考文献1]と[参考文献2]が用意されています。

●[* <段>引用1]

●[* <段>引用2]

●[* <段>引用3]

●[* <段>引用4]

●[* <段>引用5]

ニュースリリースを作ってみよう

4 リリース文書に写真を配置してレイアウトする

写真を文書に配置、レイアウトすれば、見た目が華やかになるだけでなく、内容の迫真性や説得力も増します。配置した写真は、ドラッグによる操作で簡単に大きさを変えたり、位置を変更したりして、自由にレイアウトできます。

4-1 写真を文書に配置する

写真を文書上に配置するには、[挿入]パレットで 絵や写真 [絵や写真の挿入]をクリックし、目的の写真を選択します。配置できるのは、BMP、GIF、JPEG、PNGなどの一般的な形式の画像ファイルです。

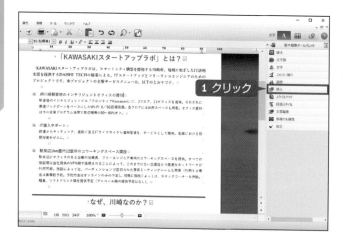

[絵や写真]ダイアログボックスを開く

1 基本編集ツールパレットの[挿入]パレットをクリックして開きます。

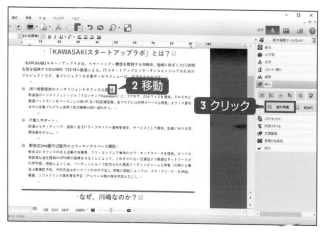

2 画像を挿入する位置にカーソルを移動します。

3 絵や写真 [絵や写真の挿入]をクリックします。

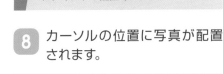

4 ［絵や写真］ダイアログボックスが表示されるので、🗁 ［フォルダーから］タブをクリックします。

写真を選択して配置する

5 写真が保存されているフォルダーを選択します。

6 挿入する写真を選択します。

7 画像枠で挿入 をクリックします。

> **MEMO**
> 文書の背景に設定 をクリックすると、選択した写真が文書の背景画像として配置されます。背景画像には文字よけ（P167のコラム参照）を設定することはできないため、画像の上に重なるようにテキストが配置されます。

8 カーソルの位置に写真が配置されます。

> **MEMO**
> 配置した写真を削除するには、写真をクリックして選択してから、Delete キーを押します。

4-2 写真のサイズや位置を変更する

文書に配置した写真は、写真上をクリックすると選択できます。写真を選択すると、写真の周囲に枠が表示され、枠の四隅と四辺の中央にハンドルが表示されます。写真のサイズ変更はハンドルをドラッグし、移動は写真をドラッグします。

写真の大きさを変える

1 写真をクリックして選択すると、周囲にハンドルが表示されます。

2 左下のハンドルを右上方向にドラッグします。

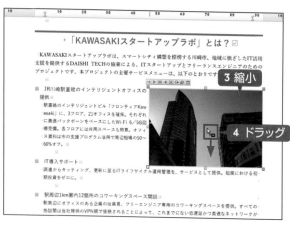

3 写真のサイズが小さくなります。

4 写真内にマウスポインターを合わせると、ポインターの形状が変わるので、そのまま下方向にドラッグします。

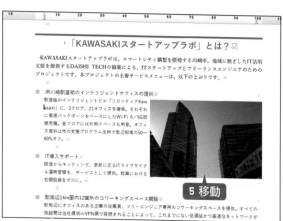

5 写真が下に移動し、写真の位置に合わせてテキストがよけられます。

> **MEMO**
> Shift キーを押しながら写真内をドラッグすると、水平、あるいは垂直方向に写真を移動できます。Ctrl キーを押しながら同様にドラッグすると、ドロップした位置に写真がコピーされます。

HINT テキストをよけて写真を配置する

文書上に配置した写真の周囲に、テキストを回り込ませて重ならないようにするには、写真を選択すると表示される[枠操作]パレットの[文字よけ]で、テ

キストの回り込ませ方を選択します。選択できる回り込ませ方は、以下のとおりです。

[文字よけ]でテキストの配置を変更する

[枠操作]パレットの[文字よけ]から、テキストの回り込ませ方を選択します。テキストと写真の間隔は、[余白]に数値で指定します。

●広い方に配置

写真の左右の余白のうち、より広い方にのみテキストを配置します。

●両側に配置

写真の左右に余白がある場合、両側にテキストを配置します。

●左側に配置

写真の左側の余白にのみ、テキストを配置します。

●右側に配置

写真の右側の余白にのみ、テキストを配置します。

●重ねて配置

写真にテキストが重なります。

●配置しない

写真の左右にテキストを配置しません。

HINT 配置済みの写真を別の写真に置き換える

すでに文書上に配置済みの写真を、位置やレイアウト枠の横幅は変えずに、別の写真に置き換えることができます。置き換える写真の縦横比が元の写真と異なる場合は、置き換え後の写真の縦横比が維持さ

れるように、レイアウト枠の高さが自動調整されます。この機能を利用すれば、元となる写真をコピーし、その写真を別の写真置き換えることで、写真の横幅をそろえることができます。

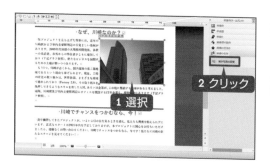

1 他の場所からコピーして貼り付けた写真をクリックして選択します。

2 [画像の変更] パレットの
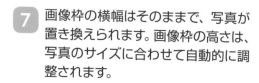 [絵や写真の変更]
をクリックします。

3 [絵や写真] ダイアログボックスが表示されるので、📂 [フォルダーから] タブをクリックします。

4 写真が保存されているフォルダーを選択します。

5 目的の写真を選択します。

6 画像枠で挿入 をクリックします。

7 画像枠の横幅はそのままで、写真が置き換えられます。画像枠の高さは、写真のサイズに合わせて自動的に調整されます。

4 - 3 写真の色合いを変更する

写真フィルターは、写真の色合いや明るさなどをまとめて変更して、見た目の雰囲気を一変させることができる機能です。別途フォトレタッチアプリなどを用意しなくても、文書上で写真を加工できるうえ、元の画像ファイルには変更を加えません。

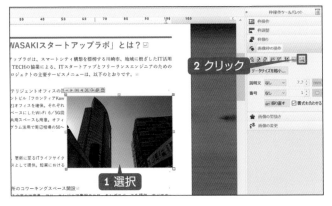

写真フィルターで写真を加工する

1 写真をクリックして選択します。

2 [画像枠の操作] パレットの 📷 [写真フィルター] をクリックします。

3 [写真フィルター] ダイアログボックスが表示されるので、画面右の一覧から写真に適用したい写真フィルターを選択します。

4 OK をクリックします。

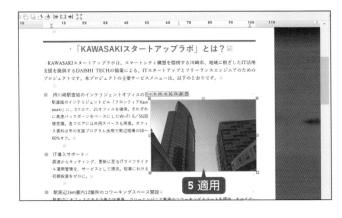

5 写真フィルターが適用され、写真の色合いや明るさが変わります。

> **MEMO** 写真フィルターは、複数の効果を重ねて適用できます。

> **MEMO** 写真を元の状態に戻すには、[写真フィルター] ダイアログボックスで [元の写真] をクリックして、OK をクリックします。

4-4 写真の説明文を追加する

文書上に配置した写真に、ちょっとした説明文を添えたい場合は、まず[画像枠の操作]パレットの[説明文]のリストから、写真の上下左右のどの位置に説明文を表示するか選択します。続けて、選択した位置に表示されるテキストボックスに説明文を入力します。

説明文の位置を選択する

1 写真をクリックして選択します。

2 [画像枠の操作]パレットの[説明文]のリストから、説明文の位置を選択します。

3 写真の下にテキストボックスが追加されます。

説明文を入力する

4 テキストボックスをクリックします。

5 説明文を入力します。

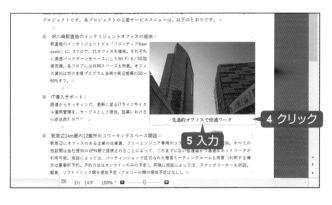

MEMO 写真の説明文のテキストボックスの大きさは、[画像枠の操作]パレットの[説明文]の右側の数値で指定します。

MEMO 写真に文字よけ（P167参照）を設定している場合は、写真に説明文を追加すると、そのテキストボックスも文字よけの対象となります。

4 - 5　写真の不要部分を非表示にする

写真の不要な部分をカットして、目的の被写体をより大きく見せたい場合は、「トリミング」機能を使用します。トリミング機能を使って不要部分をカットした後でも、いつでも元の写真に戻すことができるので、何度でもトリミングをやり直すことができます。

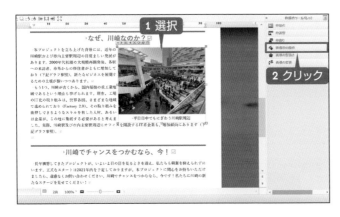

トリミング機能で不要部分をカットする

1 写真をクリックして選択します。

2 [画像枠の操作] パレットをクリックして開きます。

3 [トリミング] をクリックします。

4 [トリミング] ダイアログボックスが表示され、選択した写真の周囲に枠線とハンドルが表示されます。

5 右上のハンドルを左下方向にドラッグします。

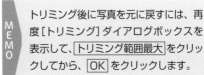

MEMO トリミング後に写真を元に戻すには、再度 [トリミング] ダイアログボックスを表示して、トリミング範囲最大 をクリックしてから、OK をクリックします。

6 枠線の外側の部分が薄いグレーになります。薄いグレーの部分がカットされる範囲になります。

7 OK をクリックします。

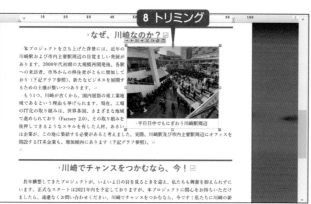

8 画像がトリミングされます。画像枠のサイズがカットした範囲に合わせて小さくなります。

HINT

写真のデータサイズを小さくする

高画素のデジタルカメラで撮影した写真は、データサイズが大きいため、1つの文書に複数の写真を配置すると、文書全体のデータサイズもその分、大きくなります。これを避けるには、[画像のデータサイズを縮小] 機能を使用します。ただし、データサイズを小さくしすぎると写真の劣化が目立つ点に注意してください。

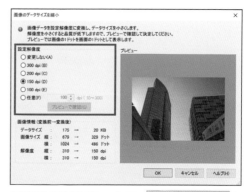

[画像枠の操作] パレットで、データサイズを縮小... をクリックし、[設定解像度] からより小さいサイズを選択して、OK をクリックします。

5 文書にグラフとそのデータの出典を配置する

文書には、表計算アプリなどで作成したグラフを配置することができます。配置したグラフは写真と同様に操作して自由にレイアウトできます。また、グラフのデータの参照元（出典）についても、必要に応じて併記しておきましょう。

5 - 1 他アプリのグラフをコピーして文書に貼り付ける

Excelなどの表計算アプリでは、セルに入力したデータから、グラフを簡単に作成できます。作成したグラフは以下のように操作してコピーし、文書に貼り付けます。以下はExcelでの操作方法ですが、一太郎2021 プラチナに搭載されているJUST Calcでも同様の操作でグラフをコピーできます。

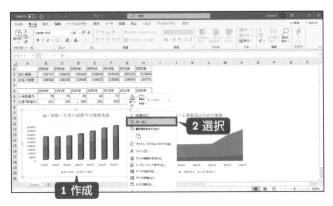

グラフをコピーする

1 Excelでグラフを作成します。

2 グラフを右クリックし、メニューから［コピー］を選択します。

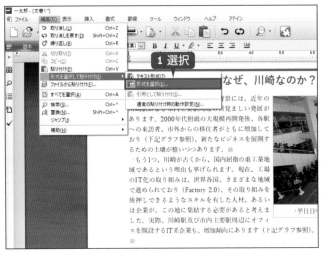

グラフを貼り付けてレイアウトする

1 貼り付け先の文書を開き、グラフを配置する位置にカーソルを移動して［編集－形式を選択して貼り付け－形式を選択］を選択します。

2 ［形式を選択して貼り付け］ダイアログボックスの［データの形式］で、［Microsoft Excel グラフオブジェクト］を選択し、OK をクリックします。

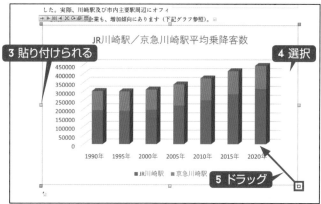

3 カーソルの位置にグラフが貼り付けられます。

4 グラフをクリックして選択します。

5 右下のハンドルを左上方向にドラッグします。

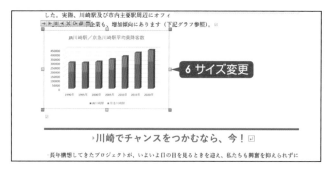

6 グラフのサイズが変更されます。

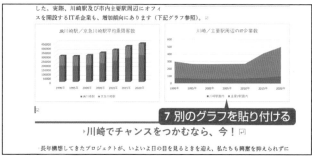

7 同様の操作で、別のグラフを貼り付けてレイアウトします。

5-2　グラフデータの参照元を明記する

文書内でグラフなどによってデータを提示する場合、そのデータの参照元（出典）を明記することで、データの信頼性は高まります。「出典」機能を使えば、出典の書式に準拠した形で、データの参照元を明記することができるので便利です。

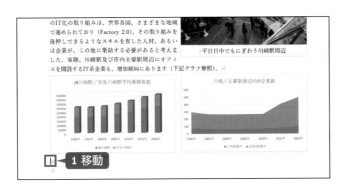

[出典]ダイアログボックスを表示する

1 出典の情報を挿入する位置にカーソルを移動します。

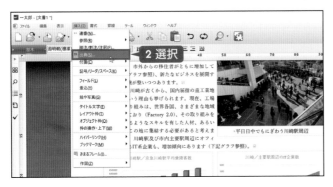

2 [挿入－出典]を選択します。

3 [出典]ダイアログボックスが表示されるので、[種類]のリストからデータの参照元の媒体を選択します。

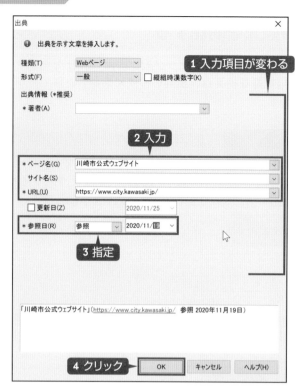

1 [種類] で選択した媒体に応じて、以下の入力項目が変わります。

2 Webページのページ名やURLを入力します。

3 データを参照した日付を指定します。

4 OK をクリックします。

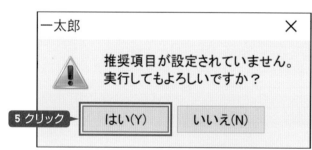

5 [出典] ダイアログボックスで「＊」が付いた項目が未入力の場合、確認のメッセージが表示されるので、はい をクリックします。

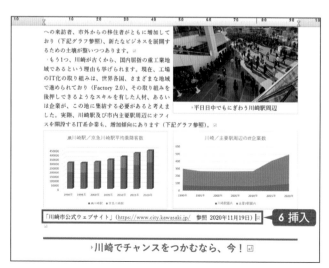

6 カーソルの位置に出典の情報が挿入されます。

> MEMO
>
> 出典の情報としてURLを入力した場合、URLにはハイパーリンクが設定されます。文書上でURLをクリックすると、Webブラウザーが起動してそのWebページが表示されます。ハイパーリンクは、文書をPDF形式に変換した場合でも維持されます。

6 誤字脱字や不適切な言い回しをチェック、修正する

リリース文書などのビジネス用途の文書では、誤字脱字はもちろん、ビジネスマナーに反するような不適切な言い回しをしていないか、厳格にチェックする必要があります。「校正」機能を使えば、文章内の問題個所をピックアップしてくれるので、効率的に修正できます。

6-1 校正機能を使って文書をチェックする

言い回しの誤りなどをチェックするには、[校正] パレットでチェック対象の文書の内容や文体に合う文書校正スタイルを選択して、[実行] をクリックします。ここでは、ビジネス用途の文書をチェックするので、[ビジネス文（です・ます）] の文書校正スタイルを選択します。

**[校正] パレットから
チェックを開始する**

1 チェックする文書を開き、[校正] パレットをクリックして開きます。

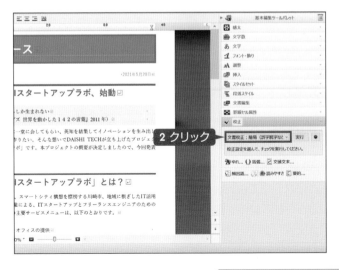

2 校正設定をクリックします。

3 ［文書校正：ビジネス文（です・ます）］を選択します。

4 ［実行］をクリックします。

特定の目的に特化した校正を実行する

［校正］パレットには、表記ゆれや括弧の閉じ忘れ、特定の単語や言い回しの多用など、特定の目的に特化した校正機能を実行するためのボタンが用意され

ています。文書のすべてを網羅的にチェックするのではなく、すばやく単純なミスをチェックして修正したいといった場合に利用しましょう。

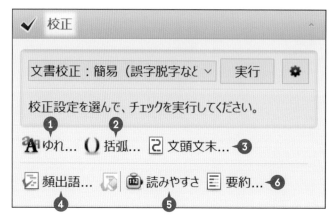

❶ 表記ゆれをチェックする

❷ 括弧やカギカッコなどのミスをチェックする

❸ 「しかし」「だが」などの接続詞、「と思います」などの文末の連続や多用をチェックする

❹ 文書内で頻出する単語やフレーズをチェックする

❺ 句読点の数や1文の長さなどの読みやすさに関係する要素をチェックする

❻ 要約文として使える部分をピックアップする

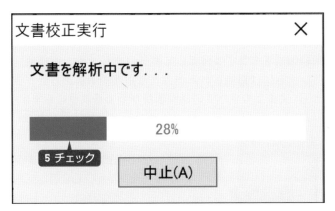

5 文書全体のチェックが行われ、その進捗状況が表示されます。[中止]をクリックすると、チェックがキャンセルされます。

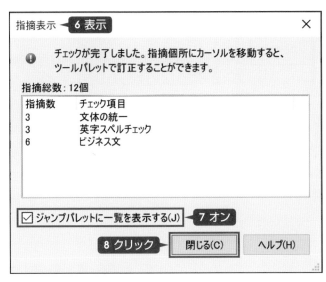

6 チェックが終わると、[指摘表示]ダイアログボックスが表示され、文書内で誤りと指摘された件数が表示されます。

7 [ジャンプパレットに一覧を表示する]がオンになっていることを確認します。

8 [閉じる]をクリックします。

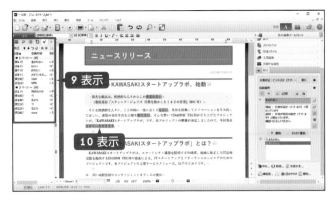

9 ジャンプパレットに指摘項目が一覧表示されます。

10 文書中でも指摘個所に色が付いて表示されます。

6-2　指摘個所を確認しながら修正する

校正機能を使ったチェックが済んだら、指摘個所を1つずつ確認して修正しましょう。指摘個所は文書上で色が付いて表示され、[校正]パレットには指摘された理由と修正候補や修正方針が表示されるので、これらの情報を参考にしながら、文書上のすべての指摘個所が消えるようにします。

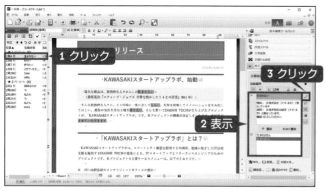

指摘個所に移動する

① 修正したい指摘個所をジャンプパレットでクリックします。

② [校正]パレットに指摘理由と置換候補が表示されます。

③ 修正しない場合は [マーククリア]をクリックします。

④ 指摘個所が解除されます。

⑤ [次のマーク]をクリックします。

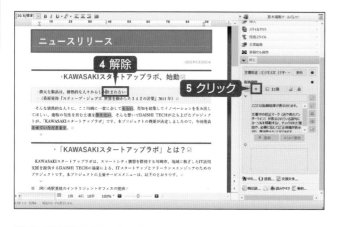

⑥ 次の指摘個所とその理由、置換候補が表示されます。

⑦ 置換候補を選択します。

⑧ 置換 をクリックします。

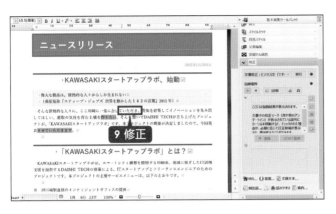

⑨ 文書上の指摘個所が修正され、指摘個書が解除されます。

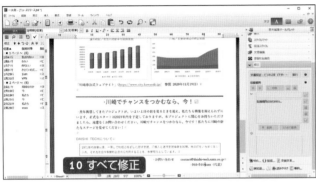

⑩ 同様の操作を、すべての指摘個所が解除されるまで繰り返します。

難読漢字の使用を指摘されたら？

校正に使用する文書校正スタイルによっては、文書内の非常用漢字、難読漢字の使用を指摘されることがあります。このような場合は、[校正] パレットの [ふりがな] [ふりがな]をクリックすると、その漢字にふりがなを付けることができます。

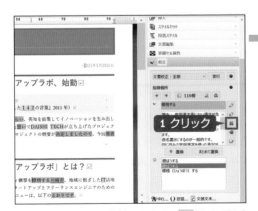

非常用漢字の使用を指摘されたら、 [ふりがな] [ふりがな] をクリックします。

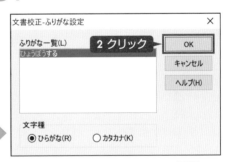

ふりがなが正しいことを確認して、 [OK] をクリックします。

文書内の指摘個所の漢字にふりがなが付けられます。

専門用語や略語などを指摘されないようにする

校正機能では、内蔵されている辞書のデータに基づいて文書をチェックするため、辞書のデータに含まれていない専門用語や略語、新しい単語などはミスとして指摘されてしまうことがあります。こうした

単語を指摘されないようにするには、内蔵辞書にその単語を登録します。内蔵辞書への登録方法は、以下の2種類です。

●修正中に登録する

辞書に含まれない単語の指摘では、「理由：辞書に登録されていません」と表示されます。辞書に登録するには、[辞書登録]をクリックします。

●事前に単語を辞書に登録する

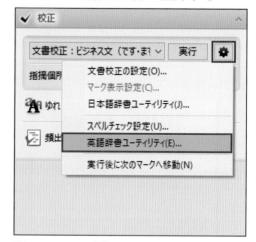

[校正]パレットの [オプション]をクリックし、メニューから[英語辞書ユーティリティ]を選択します。日本語の単語を登録する場合、[日本語辞書ユーティリティ]をクリックします。

[英語辞書ユーティリティ]ダイアログボックスが表示されるので、[ユーザー登録単語]タブをクリックし、単語を入力して、追加をクリックします。

第6章 作例編

講習会のチラシを作ってみよう

イベントなどの告知をするためにチラシを作ってみましょう。チラシには凝ったデザインのものが多く、自分で作るのは難しいと思ってしまいがちですが、最初からチラシに必要な要素がレイアウトされたテンプレートを使えば、一部のパーツやテキストを置き換えたり、イラストを追加したりするだけで、見栄えのするチラシに仕上がります。

チラシ

テンプレートを使用

カバー写真の挿入

POP文字の挿入

QRコードの挿入

パーツやテキストを
置き換え

部品の挿入

表の挿入

操作の流れ

1. テンプレートからチラシを作成する
2. 画面表示設定でチラシを
制作しやすい状態にする
3. 背景のカバー写真を置き換える
4. 写真をトリミング、加工する

5. チラシのタイトルをPOP文字で
置き換える
6. テンプレートのその他のパーツや
テキストを置き換える
7. 既存のテキストを表形式に変換して体
裁を整える
8. 部品やQRコードを挿入する

完成

1 チラシの文書ベースを作り、体裁を整える

チラシではいかに人目を引き、必要な情報をわかりやすく伝えられるかが重要になります。白紙からそのようなデザインのチラシを作るのは時間がかかり大変ですが、最初からデザイン済みのテンプレートを使えば、目的に適うチラシを効率的に作成できます。

1 - 1 テンプレートから新規文書を作成する

テンプレートは文書の「ひな形」です。テンプレートから文書を新規作成すれば、最初から配置されている各パーツやテキストを置き換えたり、イラストを追加したりするだけで、簡単に見栄えのする文書に仕上がります。ここでは、チラシ用のテンプレートを使用します。

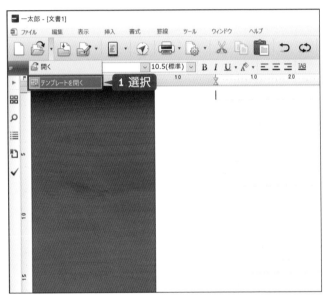

**テンプレートから
チラシを作成する**

1 ツールバーの[開く]の右にある▼をクリックし、[テンプレートを開く]を選択します。

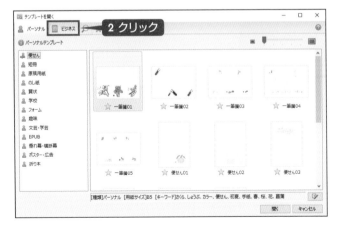

2 [テンプレートを開く]ダイアログボックスが開くので、[ビジネス]タブをクリックします。

> **MEMO** Shift キーと F1 キーを同時に押しても、[テンプレートを開く]ダイアログボックスを開くことができます。

講習会のチラシを作ってみよう

3 画面左の一覧から［ポスター・広告］を選択します。

4 ［チラシ3］を選択します。

5 開く をクリックします。

6 あらかじめデザイン済みのテンプレートが開きます。

7 右上にテンプレートの使い方が入力された付箋があるので、右クリックします。

8 ［削除］を選択して付箋を削除します。

1 - 2   文書の表示をチラシ制作用にカスタマイズする

チラシには文字だけではなく、写真やタイトル、表などのさまざまなパーツをレイアウトするので、通常表示される行間ラインなどは多くの場合邪魔になります。また、チラシ全体を俯瞰しながら作業できるように、ページ全体を1画面に表示しておくことをおすすめします。

行間ラインを非表示にする

1 [表示-画面表示設定] を選択します。

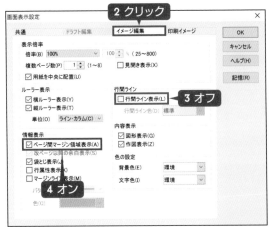

2 [画面表示設定] ダイアログボックスが開くので、[イメージ編集] タブをクリックします。

3 [行間ライン表示]のチェックをオフにします。

4 [ページ間マージン領域表示]のチェックをオンにします。

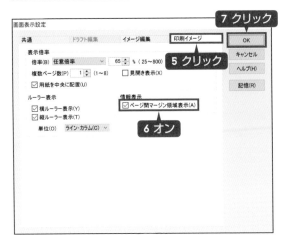

5 [印刷イメージ] タブをクリックします。

6 [ページ間マージン領域表示]のチェックをオンにします。

7 OK をクリックします。

> **MEMO**
> マージンとは「余白」のことです。[ページ間マージン領域表示] をオンにすると、イメージ編集と印刷イメージそれぞれの編集画面タイプを選択した際に、チラシの上下の余白が実際に印刷したときの状態で表示されるようになります。

8 設定が反映

8 文書の余白部分が表示され、行間ラインが非表示になります。

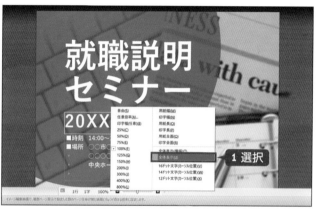

1 選択

文書全体を1画面に表示する

1 画面下部の[倍率表示]をクリックし、[全体表示]を選択します。

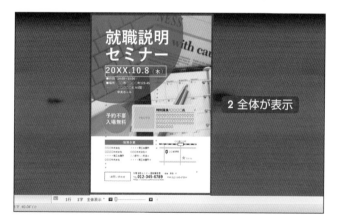

2 全体が表示

2 文書全体が1画面に表示されます。

> **MEMO**
> 全体表示に切り替えると、文字が小さくなりすぎて作業がしづらいという場合は、そのときだけ倍率を変更して作業し、終わったら全体表示に戻すようにするといいでしょう。

2 ▶ カバー写真をオリジナルの写真に変更する

使用するテンプレートによっては、はじめから文書の背景にカバー写真が設定済みになっています。このカバー写真は、より内容に合うオリジナルの写真に置き換えたり、写真の色合いや明るさを変更したりしてアレンジすることができます。

2-1 ▶ カバー写真を別の写真に置き換える

テンプレートに配置済みのカバー写真を置き換えるには、写真を右クリックすると表示されるメニューで[画像の変更]をクリックします。カバー写真は画像枠で配置されているので、ドラッグして移動することもできます。

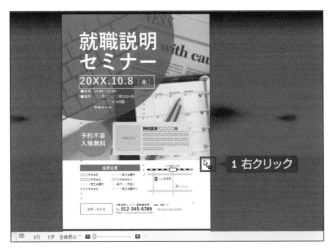

カバー写真を置き換える

1 配置済みのカバー写真の境界線付近にマウスポインターを合わせると、ポインターの形状が図のように変わるので、右クリックします。

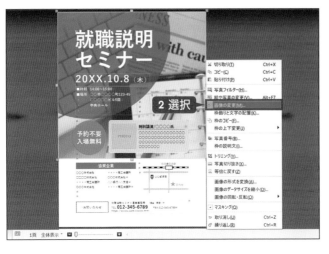

2 [画像の変更]を選択します。

> MEMO
> メニューで[絵や写真の変更]を選択してもカバー写真を置き換えられますが、写真のサイズによっては画像枠からはみ出したり、余白ができたりしてしまうことがあります。そのため、ここでは置き換え時に元の画像枠のサイズいっぱいにカバー写真を配置できる[画像の変更]を選択しています。

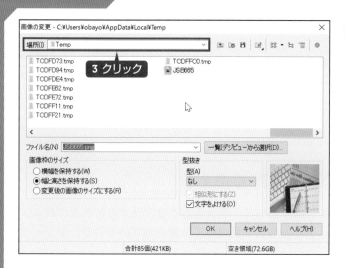

3 [画像の変更] ダイアログボックスが開くので、[場所] をクリックします。

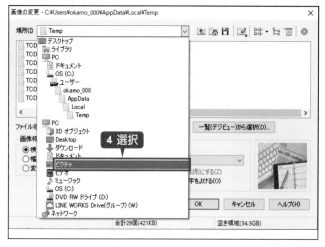

4 写真が保存されているフォルダーを選択します。

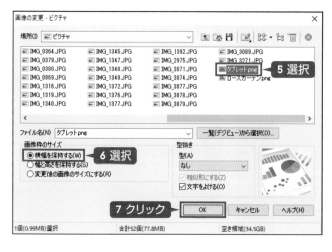

5 写真を選択します。

6 [横幅を保持する] を選択します。

7 OK をクリックします。

8 カバー写真が置き換えられます。

8 変更

2-2 写真をトリミングする

[画像の変更] ダイアログボックスで [横幅を維持する] を選択して写真を置き換えると、写真のサイズによっては画像枠が下方向に広げられます。ここでは広がった写真の下部分をドラッグでトリミングして、画像枠のサイズを元に戻します。

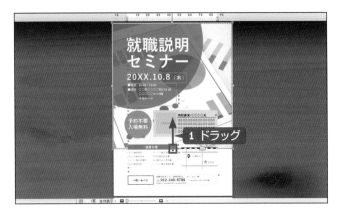

1 ドラッグ

写真をトリミングする

1 画像枠の下辺中央のハンドルを、Ctrl キーを押しながら上方向にドラッグします。

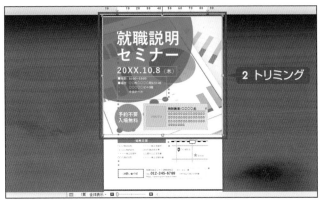

2 トリミング

2 画像枠が縮小され、枠に合わせて写真がトリミングされます。

2-3 写真の色合いや明るさを変更する

置き換えたカバー写真の明るさや色合いを変更したり、モノクロやセピアに変換したりするには、「写真フィルター」を適用します。写真フィルターは全14種類用意されており、クリックするだけで写真の雰囲気を大きく変えることができます。

1 カバー写真の枠の線上をクリックして選択します。

2 枠操作ツールパレットの[画像枠の操作]をクリックします。

3 [画像枠の操作]パレットが開くので、[写真フィルター]をクリックします。

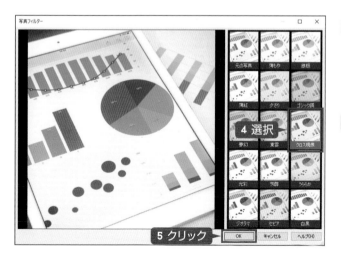

4 [写真フィルター]ダイアログボックスが開くので、画面右の一覧から目的の画像フィルターを選択します。

5 OK をクリックします。

6 カバー写真に写真フィルターが適用され、色合いや明るさが変わります。

6 適用

> **MEMO** 写真に適用した写真フィルターを解除するには、目的の写真を選択してから再度[写真フィルター]ダイアログボックスを開き、画面右の一覧から[元の写真]を選択して OK をクリックします。

コラム 図形で切り抜いた写真を配置する

[画像の変更]ダイアログボックスで、[型抜き]の[型]のリストから目的の図形を選択すると、写真が図形で型抜きされて配置されます。型抜きした写真も、通常の写真と同様に選択すると表示されるハンドルをドラッグして、大きさを変更することができます。

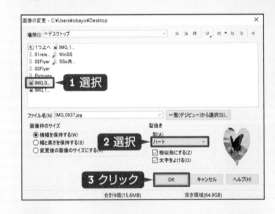

1 [画像の変更]ダイアログボックスで写真を選択します。

2 [型抜き]の[型]のリストから、型抜きする図形を選択します。

3 OK をクリックします。

4 選択した図形で写真が型抜きされて配置されます。

3 チラシのタイトルを変更する

チラシで最初に目が行くのは、そのタイトルです。テンプレートにははじめからタイトルのテキストが入力されていますが、これを削除して、「POP文字」機能を使ってより人目を引くデザインのタイトルに置き換えてみましょう。

3 - 1 テンプレートのタイトルテキストを削除する

[チラシ3]のテンプレートには、文書左上の円形の図形に直接テキストが入力されていますが、この状態ではテキストのフォントやサイズ、色の変更しかできません。そのため、まずはこのテキストを削除して空欄にしておき、POP文字で作ったタイトルに置き換えます。

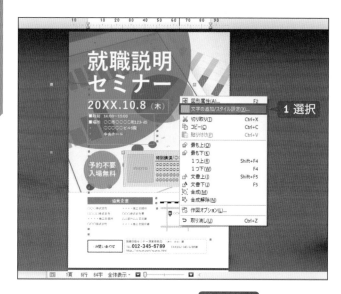

既存のタイトルテキストを削除する

1 テンプレート左上の円形の図形を右クリックし、[文字の追加／スタイル設定]を選択します。

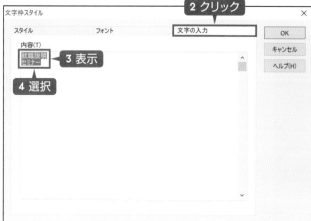

2 [文字枠スタイル]ダイアログボックスが表示されるので、[文字の入力]タブをクリックします。

3 [内容]に現在入力されているテキストが表示されます。

4 テキストをすべて選択します。

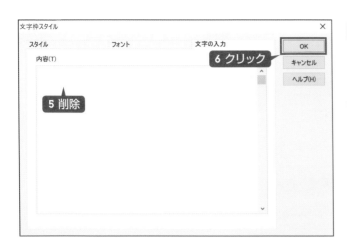

5 Back Space キー ま た は Delete キーを押してテキストを削除します。

6 OK をクリックします。

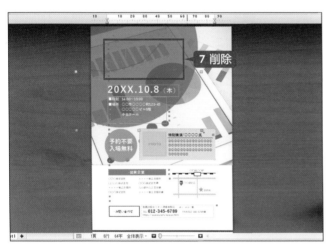

7 タイトルテキストが削除されました。

3 - 2 ▶ POP文字機能でタイトルを作成して配置する

タイトルなど、チラシの重要なポイントとなるテキストは、多彩な文字装飾ができる「POP文字」機能を利用して作成しましょう。POP文字には108種類もの文字デザインが用意されており、好きなものを選択した上で、さらにフォントやフォントサイズ、配色などを変更できます。

**[POP文字パレット]で
テキストを装飾する**

1 基本操作ツールパレットの[挿入]をクリックします。

2 [挿入]パレットが開くので、[POP文字を作成]をクリックします。

3 [POP文字パレット]が表示されるので、一覧からデザインを選択します。

4 [フォントの選択を優先する]のチェックがオンになっていることを確認し、フォントを指定します。

5 タイトルテキストを入力します。

6 POP文字が、文書上でプレビューされます。

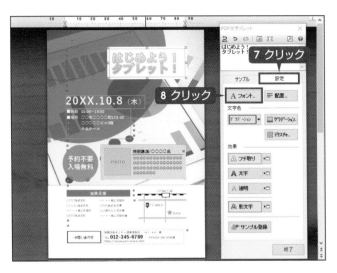

7 [設定]タブをクリックします。

8 フォント をクリックします。

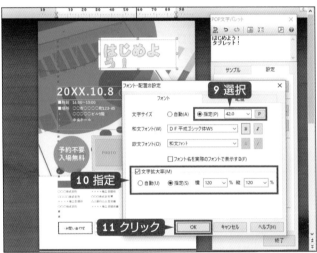

9 [フォント・配置の設定] ダイアログボックスが開くので、[フォント] タブの [文字サイズ] で [指定] を選択し、サイズを指定します。

10 [文字拡大率] のチェックをオンにし、[指定] を選択して拡大率を設定します。

11 OK をクリックします。

12 [POP文字パレット] に戻るので、終了 をクリックします。

MEMO [POP文字パレット] の [設定] タブでは、フォントや文字揃えなどの設定や、縁取り、太字、影文字などの特殊効果の設定ができます。既存の文字デザインにはない、オリジナルのデザインで文字を飾ることができます。

講習会のチラシを作ってみよう

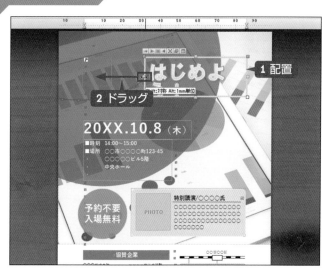

タイトルのPOP文字枠の大きさ、位置を変える

1 POP文字で作ったタイトルが配置されます。

2 文字サイズやテキストの量によっては、テキストがPOP文字枠からはみ出してしまいます。POP文字枠左辺中央のハンドルを左にドラッグします。

3 POP文字枠が左方向に拡張されます。

4 POP文字枠下辺中央のハンドルを下方向にドラッグします。

5 POP文字枠が下方向に拡張されます。

6 POP文字枠内にマウスポインターを移動し、そのまま左方向にドラッグします。

7 POP文字が移動されます。

タイトルのテキストを後から変更する

POP文字機能で作成したタイトルのテキストを後から書き換えたり、デザインを変更したりするには、[POP文字パレット]を再表示して操作します。
以下の手順の他、POP文字を右クリックすると表示

されるメニューから[JSPOP文字作成ツールオブジェクトの修正−編集]を選択しても、[POP文字パレット]を再表示できます。

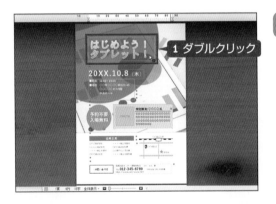

1 POP文字機能で作成したタイトルをダブルクリックします。

2 [POP文字パレット]が再表示されます。

4 テンプレートの不要な要素を削除する、置き換える

テンプレートには最初からさまざまなパーツがレイアウトされ、テキストも入力済みの状態ですが、これらは文書の目的に応じて削除し、置き換える必要があります。ここではテンプレートの構成要素ごとの削除、置き換え方法を解説します。

4-1 不要なレイアウト枠や図形を削除する

レイアウト枠や図形など、はじめからテンプレートに配置されているパーツは、クリックして選択し、Delete キーを押せば削除できます。地図のように複数の図形で構成されているものは、そのすべてを選択してから削除すれば効率的です。

画像枠とレイアウト枠を削除する

1 画像枠の上にマウスポインターを移動すると、マウスポインターの形状が変わるので、その状態でクリックします。

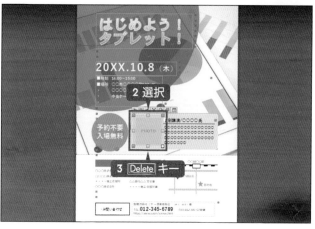

2 画像枠が選択されます。

3 Delete キーを押します。

> **MEMO**
> テキストが入力されたレイアウト枠では、枠内にマウスポインターを移動しても選択できません。枠線付近をクリックしてください。

4 画像枠が削除され、テキストが空いたスペースに寄せられます。

5 テキストが入力されたレイアウト枠の枠線付近にマウスポインターを移動し、マウスポインターの形状が変わったらクリックします。

6 レイアウト枠が選択されます。

7 Delete キーを押します。

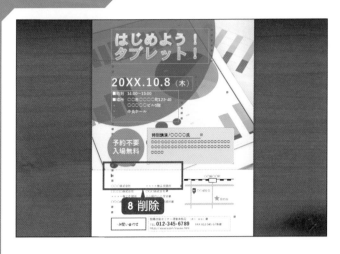

8 レイアウト枠が削除されます。

1 クリック

地図を削除する

1 　[簡易作図開始/終了] を
クリックします。

2 クリック

3 選択

2 [作図－選択] パレットで、
[選択] をクリックします。

3 　[図形指定（ボックス掛）] を
選択します。

MEMO

図形を選択する方法は [図形指定（ボックス掛）] か [図形指定（ボックス囲）] のいずれかから選択します。ボックス掛ではドラッグして囲んだ範囲に一部でも図形が含まれていたら選択され、ボックス囲では全体が囲まれた図形だけが選択されます。

4 地図全体を囲むようにドラッグします。

4 ドラッグ

5 選択

6 [Delete] キー

5 地図を構成する複数の図形がすべて選択されます。

6 [Delete] キーを押します。

MEMO 複数の図形をまとめて選択すると、全体を囲むようにハンドルが表示されます。ハンドルをドラッグすることで、複数の図形の大きさをまとめて変更することができます。

8 クリック

7 削除

7 地図が削除されます。

8 [簡易作図終了] をクリックします。

テンプレートのテキストを編集する

テンプレートのレイアウト枠に入力されたテキストは、通常と同様の操作で編集できます。レイアウト枠の大きさによっては、入力したテキストがはみ出してしまうことがあるので、必要に応じてハンドルをドラッグして大きさを変更しておきましょう。

レイアウト枠の大きさを変更する

1 レイアウト枠の枠線付近にマウスポインターを移動し、ポインターの形状が変わったらクリックします。

2 レイアウト枠の周囲にハンドルが表示されるので、右辺中央のハンドルを右方向にドラッグします。

3 レイアウト枠が右方向に拡張されます。

テキストを編集する

1 レイアウト枠内をクリックし、テキストを編集します。

2 同様に操作して、その下のレイアウト枠のテキストも編集します。

> **MEMO** 各時間帯や「オンライン」というテキストの前には、Tab キーを押してタブを入力しています。これにより、各時間帯と「オンライン」の文字位置が縦方向に揃えられます。

3 黄色い背景のレイアウト枠の見出しのテキストを入力します。

> **MEMO** 見出し部分には、[アンダーライン]の書式が設定されています。ここでは、アンダーラインを横幅いっぱいに表示するため、テキストの後にタブを2回入力しています。

4 続けて本文を入力します。

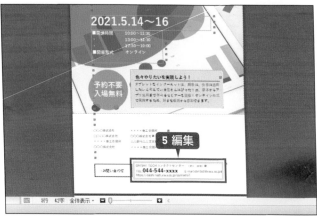

5 右下にある連絡先情報が入力
されたレイアウト枠のテキスト
を編集します。

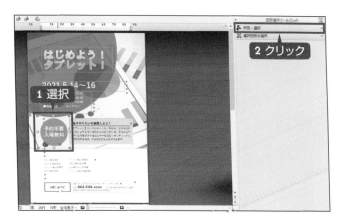

図形のテキストを編集する

1 テキストが入力された図形をク
リックして選択します。

2 図形操作ツール・パレットの［作
図-選択］をクリックします。

3 [作図-選択] パレットが開くので、[文字] タブをクリックします。

4 図形内のテキストが入力されているので、これをすべて選択します。

5 Delete キーを押して削除します。

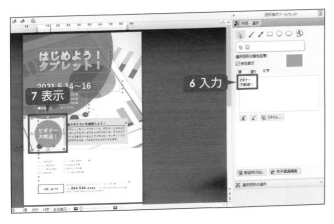

6 新しいテキストを入力します。

7 図形に入力したテキストが表示されます。

> MEMO
>
> [作図-選択] パレットの [文字] シートで、A^+ [文字を大きく] A^- [文字を小さく] をクリックすると、クリックした回数に応じてテキストの大きさが大きく／小さくなります。また、スタイル... [スタイル] をクリックすると表示される画面では、図形内のテキストのフォントやフォントサイズ、文字色を変更することができます。

講習会のチラシを作ってみよう

コラム

テキストが入力された図形を別の図形に置き換える

「チラシ3」のテンプレートには、円形の図形内にテキストが入力されたパーツがあります。テキストはそのままで図形を変更したい場合は、まず、テキストと図形の合成を解除して図形だけを削除します。続けて [作図-図形] パレットで別の図形を新規作成して、その図形とテキストを重ねます。

図形をクリックして選択したら、[選択図形の操作] パレットの [図形合成（解除）] をクリックして合成を解除します。

図形だけをクリックして選択し、Delete キーを押して削除します。[作図] パレットの [テンプレート図形] をクリックして、目的の図形を選択したら、ドラッグして図形を描きます。必要に応じて、[作図] パレットの [線] シートや [塗り] シートで、図形の枠や塗りつぶしを設定します。

描画した図形をドラッグしてテキストに重ねます。テキストが図形の下に隠れてしまうので、コマンドバーの [1つ下] をクリックし、図形をテキストの下に配置します。

5 表を作成して必要な情報をまとめて見やすくする

イベントの開催日時や申込方法、参加費といった、詳細かつ重要な情報は、表にまとめておくと読み手はその内容を理解しやすくなります。あらかじめ表にまとめる内容を文書上に入力しておけば、それを元に簡単に表に変換できます。

5 - 1 テキストを表に変換する

[文字列を罫線表に変換] 機能を利用すれば、すでに入力済みのテキストを表形式にできます。変換元となるテキストは、行区切りとして改行し、列区切りとしてタブを入力しておきます。変換後のテキストにも、セル単位で太字などの文字書式を設定できます。

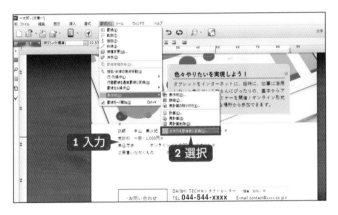

[文字列を罫線表に変換] を実行する

1 表にしたい内容を入力します。

2 [罫線－表作成－文字列を罫線表に変換] を選択します。

3 表に変換したい行をドラッグして選択します。

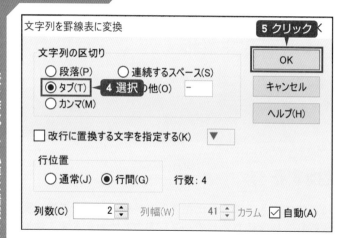

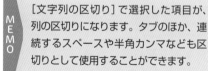

4 ［文字列を罫線表に変換］ダイアログボックスが表示されるので、［文字列の区切り］で［タブ］を選択します。

5 ［OK］をクリックします。

> MEMO
> ［文字列の区切り］で選択した項目が、列の区切りになります。タブのほか、連続するスペースや半角カンマなども区切りとして使用することができます。

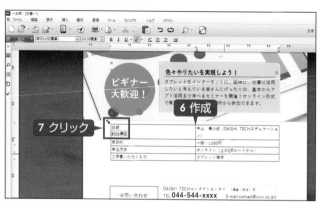

6 罫線表が作成されます。

7 表の左上付近にマウスポインターを移動し、ポインターの形状が図のように変わったらクリックします。

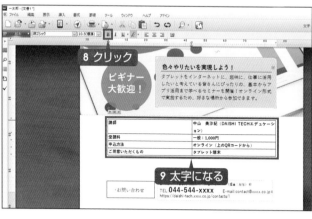

8 表全体のセルが選択されるので、コマンドバーの **B** ［太字］をクリックします。

9 表内のテキストがすべて、太字になります。

> MEMO
> 「セル」とは、表を構成する各マスのことです。また、縦方向のセルのまとまりのことを「列」と呼び、横方向のまとまりのことを「行」と呼ぶことを覚えておきましょう。

5-2 表に情報を追加して、全体の体裁を整える

[文字列を罫線表に変換] 機能を使って作成した表に、情報を追記したい場合は、目的のセルをクリックしてテキストを入力します。セル内で改行すれば、自動的にセルや表全体の高さがそれに合わせて調整されます。最後に、セルの背景に色を塗って体裁を整えます。

セルに追記する

1 追記するセルをクリックします。

2 カーソルをテキストの末尾に移動し、Enter キーを押します。

3 セル内で改行され、セルの高さがそれに合わせて拡張されるので、テキストを入力します。

4 同様に操作して、他のセルにもテキストを入力します。

セルの背景色を設定する

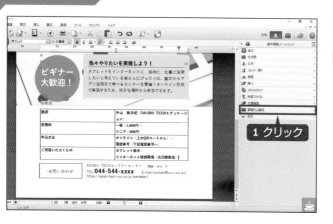

1 基本編集ツールパレットの[罫線セル属性]をクリックします。

2 [罫線セル属性]パレットが開くので、セルの背景にする色を選択します。

3 選択した色の塗りつぶし濃度を選択します。

4 範囲指定 をクリックします。

5 背景色を変える列をドラッグして選択します。

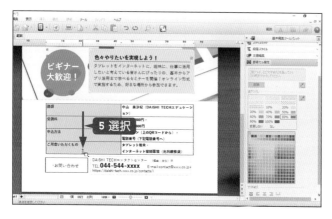

MEMO

[罫線セル属性]パレットの [文字色/太字/斜体も設定]をクリックして表示される[罫線セル属性]ダイアログボックスで、[太字]や[斜体]をオンにしてから操作すると、セルの背景色が設定されると同時にセル内のテキストに太字や斜体を設定できます。

6 ドラッグした範囲のセルの背景色が変更されます。

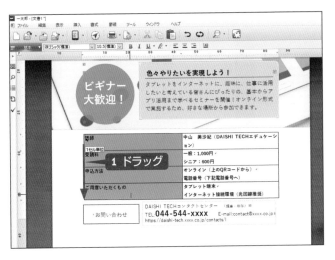

セルの文字色を変更する

1 マウスポインターを文字色を変えたい列の先頭セル左上に移動し、下方向にドラッグします。

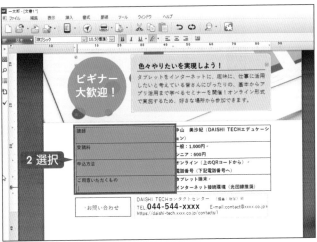

2 列が選択されます。

講習会のチラシを作ってみよう

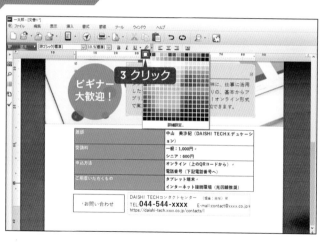

3 ツールバーの [文字色] の右側の▼をクリックし、目的の色をクリックします。

4 選択した範囲のセルの文字色が変わります。

列幅を変更する

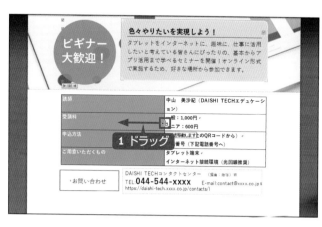

1 列区切りとなる縦の罫線にマウスポインターを合わせ、ポインターの形状が変わったら、左方向にドラッグします。

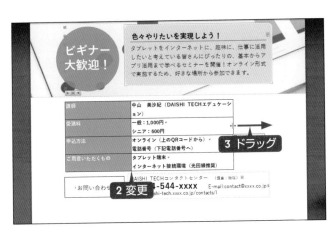

2 列幅が変わり、それに合わせて表全体の横幅も変わります。

3 同様に、表の右端の縦の罫線を右方向にドラッグします。

4 右端の列の列幅が変わり、それに合わせて表全体の横幅も変わります。

 HINT

表を削除するには？

文書上に作成した表を削除するには、罫線モードで [罫線-罫線] パレットの 🖎 [罫線消去] を利用します。表や各セルの枠線（罫線）が削除されても、各セルに入力されたテキストや、それらに設定された書式は残ります。

[罫線-罫線] パレットの 🖎 [罫線消去] をクリックします。[セル単位の罫線を消去] を選択し、表のすべてのセルにかかるようにドラッグします。

罫線が削除されます。

6 チラシに部品や申し込み用のQRコードを配置する

最後に、告知する内容にマッチする部品を配置して、チラシを楽しい雰囲気に仕上げましょう。さらにQRコードを配置して、読み手がそれをスマートフォンで読み取れば、簡単に申し込み用のウェブページにアクセスできるようにします。

6-1 チラシに部品を配置する

部品はキーワードで検索して、作成中の文書に配置できます。一太郎には、プレゼンテーションなどのビジネス文書で使える、さまざまな部品が多数収録されているので活用しましょう。

部品を検索して文書に配置する

1 基本操作ツールパレットの［挿入］をクリックします。

2 ［挿入］パレットが開くので、[部品呼び出し]をクリックします。

3 入力

4 クリック

3 [部品呼び出し] ダイアログボックスが開くので、[キーワードで部品を検索] にキーワードを入力します。

4 検索実行 をクリックします。

5 クリック

5 キーワードに該当する部品が検索されるので、目的の部品をクリックします。

6 配置

7 ドラッグ

6 文書に部品が配置されます。

7 部品をドラッグします。

MEMO
[部品呼び出し] ダイアログボックスの [キーワードで部品を検索] には、複数のキーワードを入力して検索できます。このとき、キーワード間はスペースで区切ります。複数のキーワードを入力して検索すると、それらのキーワードすべてに合致する部品が検索されます。

8 部品が移動します。

9 右下の回転ハンドルにマウスポインターを合わせるとポインターの形状が変わるので、そのままドラッグします。

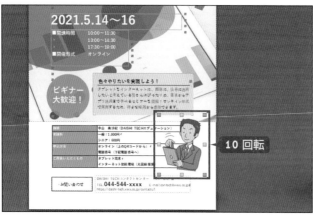

10 ドラッグした方向に部品が回転します。

6-2　申し込みページにアクセスできるQRコードを配置する

一太郎2021には、ウェブページのURLをQRコードに変換して、そのQRコードを画像として文書上に配置する機能が搭載されました。配置後は通常の画像と同様に、ドラッグして移動したり、上下左右のいずれかの位置に説明文を付けたりできます。

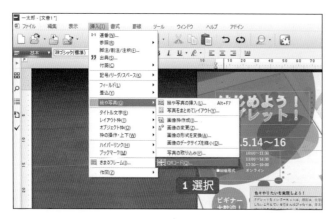

QRコードを作成して配置する

1 ［挿入－絵や写真－QRコード］を選択します。

2 [QRコード] ダイアログボックスが開くので、[URL] を選択します。

3 ウェブページのURLを入力します。

4 [サイズ] で [中] を選択します。

5 OK をクリックします。

> **MEMO**
> [QRコード] ダイアログボックスの [サイズ] で [任意] を選択して数値を指定すると、そのサイズのQRコードを作成できます。ただし、あまり小さいサイズにすると、QRコードが細かくなりすぎ、スマートフォンの内蔵カメラの性能によっては読み取れなくなることもあるので注意してください。

6 QRコードが画像として配置されます。

7 [枠操作] パレットの [文字よけ] で [重ねて配置] を選択します。

> **MEMO**
> QRコードの画像枠の [文字よけ] を [重ねて配置] に設定することで、QRコードを文書内のどの位置に配置しても、テキストなどのレイアウトが変わってしまうことがなくなります。

QRコードを移動する

1 QRコードをドラッグします。

2 移動

2 QRコードが移動します。

> QRコードは画像として配置されるので、写真と同様に周囲のハンドルをドラッグしてサイズを変更できます。このとき、四辺中央のハンドルをドラッグしたり、四隅のハンドルを Ctrl キーを押しながらドラッグしたりすると、QRコードの縦横比が変わってしまい、スマートフォンなどで正しいURLを読み込めなくなってしまうので注意してください。
>
> MEMO

1 クリック

QRコードに説明文を付ける

1 枠操作ツールパレットの[画像枠の操作]をクリックします。

2 選択

2 [画像枠の操作]パレットの[説明文]で、[上]を選択します。

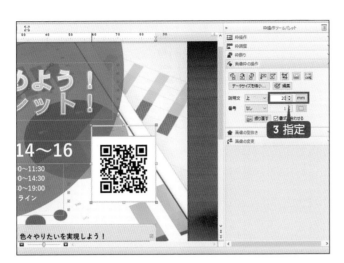

3 説明文を入力する枠の高さを
数値で指定します。

4 説明文の枠をクリックします。

5 テキストを入力します。

講習会のチラシを作ってみよう

テキストの書式を変更する

1 説明文のテキストをすべて選択します。

2 [フォント・飾り] パレットを開き、 F [フォント] をクリックします。

3 目的のフォントをクリックすると、説明文のフォントが変わります。

4 ツールバーの [文字サイズポイント切替] で文字サイズを設定します。

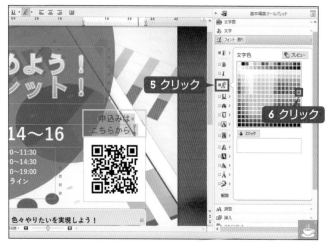

5 [フォント・飾り] パレットの A [文字色] をクリックします。

6 目的の文字色をクリックすると、説明文の文字色が変わります。

第7章 作例編

国語のテスト教材を作ってみよう

縦書きで2段組の国語のテスト教材を作ってみましょう。「きまるスタイル」には教材のカテゴリーも用意されているので、最適なスタイルをサンプルの中から選ぶだけで、見やすいレイアウトに整えることができます。解答欄は、一太郎の使いやすい罫線機能を利用して作成。シートの背景の機能を使って、配布用の解答も簡単スピーディーに作成します。

国語テスト

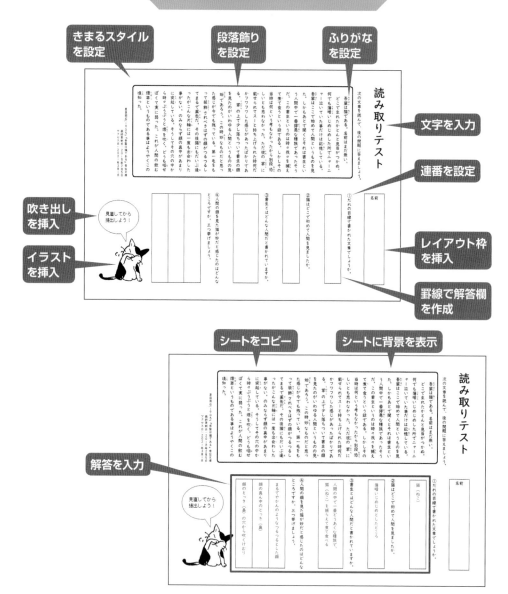

きまるスタイル
を設定

段落飾り
を設定

ふりがな
を設定

文字を入力

連番を設定

吹き出し
を挿入

イラスト
を挿入

レイアウト枠
を挿入

罫線で解答欄
を作成

シートをコピー

シートに背景を表示

解答を入力

操作の流れ

1 文書スタイルを設定する
2 シートを編集する
3 文字を入力、編集する
4 名前を書く枠を作成する
5 設問を入力し、解答欄を作成する

6 イラストや吹き出しを挿入する
7 シートの背景を設定して解答を入力する
8 問題と解答を印刷する

完成

1 文書スタイルを設定する

まずは、用紙サイズや1ページあたりの行数・文字数、縦書きや横書き、段組など文書のスタイルを設定します。ここでは「きまるスタイル」の教材用のスタイル利用し、国語のテストを作成するのに適した文書スタイルを選びます。

1-1 「きまるスタイル」で文書のベースを設定する

用紙サイズや1ページあたりの行数、縦書きや横書き、段組などの設定は、個別に行うよりも「きまるスタイル」を利用したほうが簡単です。「きまるスタイル」には、教材のほかにもビジネス文書、本・冊子など、さまざまなカテゴリーの文書スタイルが用意されています。

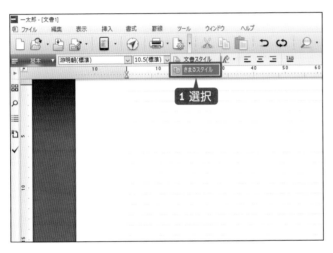

「きまるスタイル」を適用する

1 ツールバーの [用紙や字数行数の設定（文書スタイル）] の右にある ▼ をクリックして、[きまるスタイル] を選択します。

2 [きまるスタイル] ダイアログボックスが開くので、カテゴリーから [教材] を選択します。

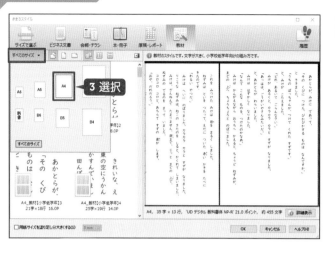

3 [すべてのサイズ] をクリックし、用紙サイズで [A4] を選択します。

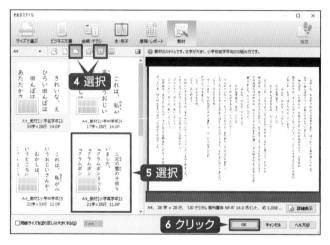

4 用紙の方向で [横方向]、文字組で [縦組] を選択します。

5 [A4_教材【小学高学年】2] を選択します。

6 OK をクリックします。

> **MEMO**
> [きまるスタイル] ダイアログボックスの 詳細表示 をクリックすると、用紙設定や文字設定、フォントやページ番号、ヘッダ・フッタ、体裁といった文書スタイルの詳細を確認できます。

7 選択した文書スタイルが設定されました。

2 シートを編集する

配布用の解答を入力するシートを、あらかじめこの段階で作成しておきます。分かりやすいように、問題用のシートは「問題」、解答用のシートは「解答」とシート名を変更し、「解答」シートのタブ色も変更しておきます。このあと「問題」シートに戻って問題を完成させ、あとから「解答」シートに背景として表示させます（P251参照）。

2 - 1 シート名を変更したり、シートをコピーしたりする

シートを複数作成する場合は、シート名を分かりやすいものに変更しておきましょう。また、シート名だけでなくシートのタブ色も変更できます。こちらも、必要に応じて変更しましょう。編集するシートを切り替えるときは、タブをクリックします。

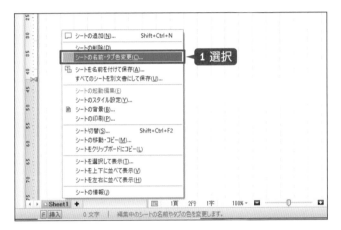

シート名を変更する

1 シートのタブを右クリックし、[シートの名前・タブ色変更]を選択します。

2 [シート名変更] ダイアログボックスが開くので、[シート名]に新しいシートの名前を入力します。

3 OK をクリックします。

> MEMO [ファイルーシートーシートの名前・タブ色変更] を選択しても、[シート名変更] ダイアログボックスが開きます。

シートをコピーし、名前とタブ色を変更する

1 名前を変更したシートのタブを右クリックし、[シートの移動・コピー] を選択します。

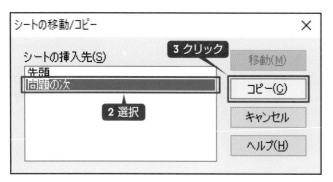

2 [シートの移動/コピー] ダイアログボックスが開くので、[問題の次] を選択します。

3 コピー をクリックします。

> **MEMO**
> [ファイル－シート－シートの移動・コピー] を選択しても、[シートの移動/コピー] ダイアログボックスが開きます。

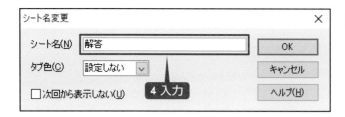

4 [シート名変更] ダイアログボックスが開くので、[シート名] に新しいシートの名前を入力します。

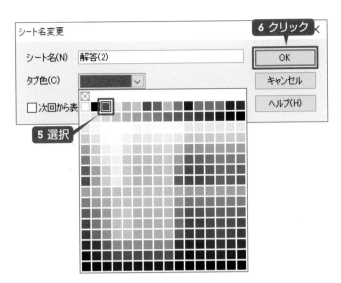

5 [タブ色]の⌄をクリックして、タブ色を選択します。

6 OKをクリックします。

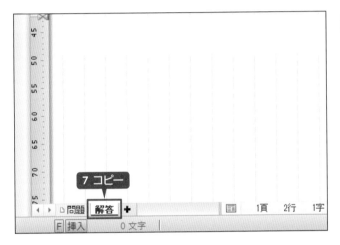

7 シートがコピーされ、名前とタブ色も変更されました。

8 「問題」シートのタブをクリックし、「問題」シートを編集状態にします。

MEMO 現在編集中のシートのシートタブをクリックし、表示されるシートの一覧から編集したいシートを選択しても、シートを切り替えることができます。

3　文字を入力、編集する

上段にテストのタイトルや問題文などを入力していきます。問題文には段落飾りを設定し、見やすく整えましょう。また、中学校以上で習う漢字にふりがなをふったり、単語や文節の途中で折り返されないよう、文節の後ろに段落内改行を自動的に挿入したりして、分かりやすいテストになるよう工夫します。

3 - 1　文章を入力し、段落飾りを設定する

まずはテストのタイトルや問題文を入力します。タイトルや問題文などに文字サイズや段落飾り、行間などをそれぞれ設定して、メリハリのある読みやすいテストを作ります。

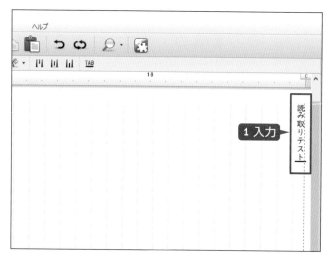

テストのタイトルを入力する

1 テストのタイトルを入力します。

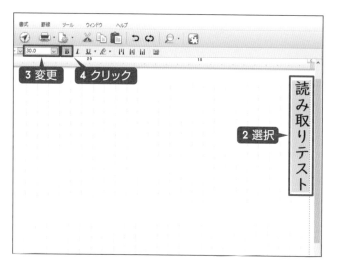

2 タイトルを選択します。

3 ［文字サイズポイント切替］で、文字サイズを［30］に変更します。

4 **B**［太字］をクリックします。

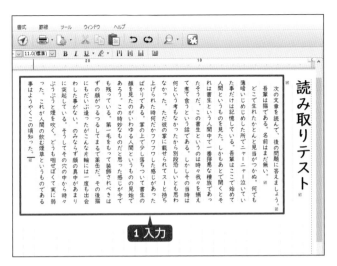

問題文を入力し、段落飾りを設定する

1 問題文を入力します。

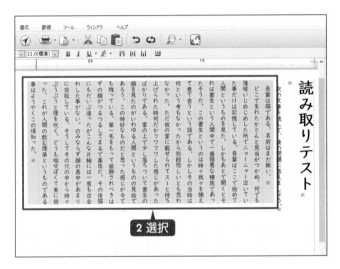

2 段落飾りを設定したい段落だけ範囲選択します。

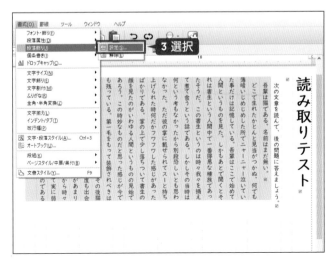

3 ［書式－段落飾り－設定］を選択します。

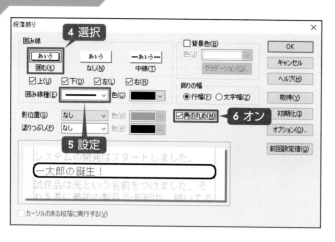

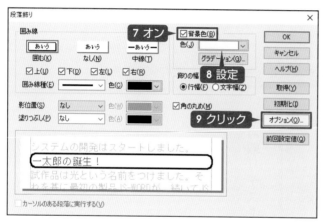

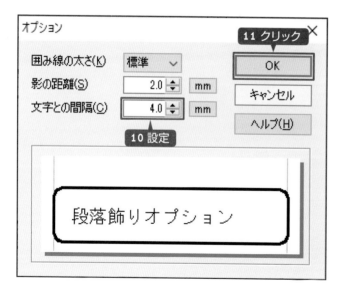

4 [段落飾り] ダイアログボックスが開くので、[囲み線] で [囲む] を選択します。

5 [囲み線種] で線種を設定します。

6 [角の丸め] をオンにします。

7 [背景色] をオンにします。

8 [色] で背景色を選択します。

9 オプション をクリックします。

10 [オプション] ダイアログボックスが開くので、[文字との間隔] を設定します。

11 OK をクリックします。[段落飾り] ダイアログボックスに戻ったら OK をクリックします。

12 段落飾りが設定されました。

補足の情報を入力する

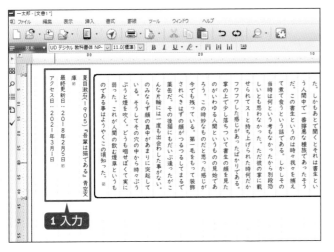

1 補足の情報を入力します。

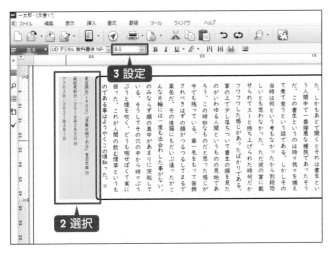

2 入力した補足の情報を選択します。

3 [文字サイズポイント切替]で、文字サイズを[8]に変更します。

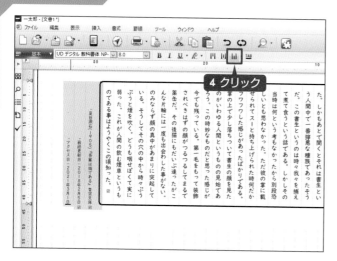

4 文字列を選択したまま、ツールバーの [右寄せ] をクリックします。

4 クリック

5 クリック

5 文字列を選択したまま [調整] パレットを開き、 [改行幅せまく] を数回クリックします。

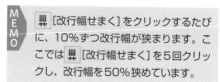

MEMO [改行幅せまく] をクリックするたびに、10%ずつ改行幅が狭まります。ここでは [改行幅せまく] を5回クリックし、改行幅を50%狭めています。

6 変更

6 改行幅が変更されました。

3-2　ふりがなをふる

問題文にふりがなをふります。一太郎では、小学校の学年に応じたふりがなをふったり、中学校以上で習う漢字、または常用漢字以外にふりがなをふったりすることができます。ここでは中学校以上で習う漢字に一括でふりがなをふったあと、さらに読みづらい語句に、個別にふりがなをふります。

国語のテスト教材を作ってみよう

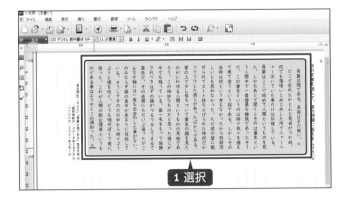

一括でふりがなをふる

1 ふりがなをふりたい範囲を選択します。

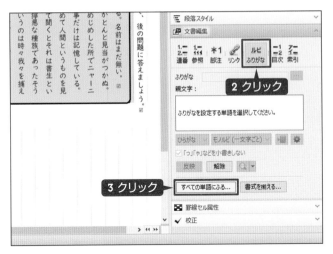

2 [文書編集] パレットを開き、[ふりがな] をクリックします。

3 すべての単語にふる をクリックします。

4 [ふりがな-すべての単語] ダイアログボックスが開くので、[ふりがな対象] の 学年別漢字配当 をクリックします。

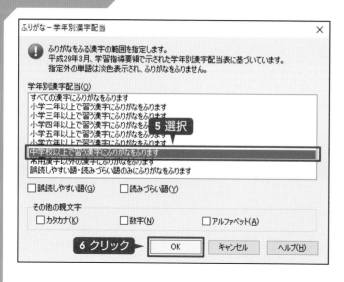

5 [ふりがな−学年別漢字配当] ダイアログボックスが開くので、[中学生以上で習う漢字にふりがなをふります] を選択します。

6 OK をクリックします。

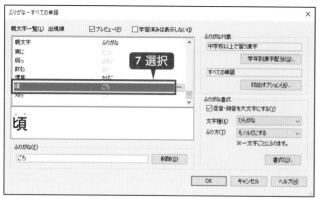

7 [ふりがな−すべての単語] ダイアログボックスに戻ったら、ふりがながふられる単語を確認し、修正したい単語がある場合は選択します。

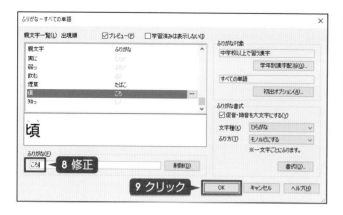

8 [ふりがな] でふりがなを修正します。

9 OK をクリックするとふりがなが設定されます。

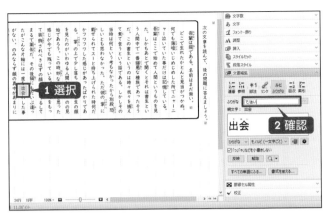

個別にふりがなをふる

1 ふりがなをふりたい単語を選択します。

2 ［文書編集］パレットの［ふりがな］でふりがなを確認します。

国語のテスト教材を作ってみよう

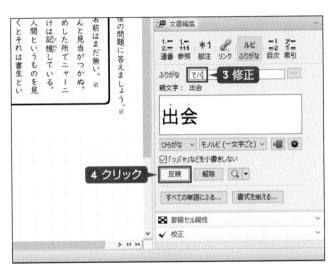

3 修正が必要な場合はふりがなを修正します。

4 反映 をクリックします。

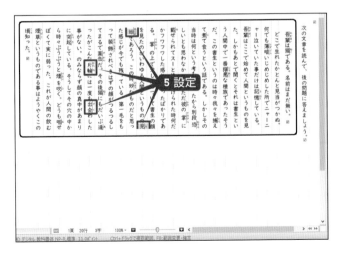

5 ふりがなが設定されます。同様に、ほかの単語にもふりがなを設定します。

文節で改行する

単語や文節の途中で文章が折り返されないようレイアウトを整えると、読みやすさが向上します。一太郎では、行末の直前の文節を自動判別し、文節の後ろに自動で段落内改行を挿入できます。

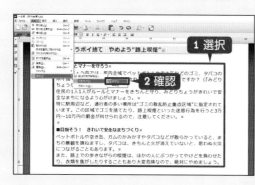

1 文節改行を設定したい範囲を選択します。

2 [編集−補助−文節改行−設定]を選択します。

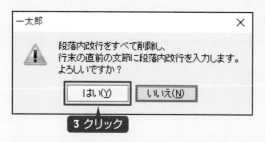

3 実行を確認するメッセージが表示されるので、 はい をクリックします。

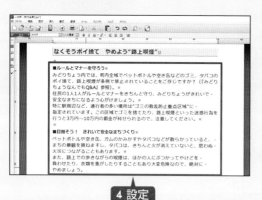

4 文節改行が設定されました。

4 ▶ 名前を書く枠を作成する

上段の編集が終わったら、下段の編集に入ります。下段の右端には解答者の名前を書く
枠を作成します。名前を書く枠はレイアウト枠で作成します。レイアウト枠には、枠線
を付けましょう。レイアウト枠の枠線は、枠飾りの設定から簡単に付けられます。

4 - 1 ▶ レイアウト枠を挿入する

一つの文書内で縦書きと横書きの文章を組み合わせたり、新聞や雑誌のようなレイアウトの文書
を作ったりするときに便利なのがレイアウト枠です。ここでは、「名前」の文字を枠の上部に横書
きで入れたいので、横組のレイアウト枠を挿入します。

レイアウト枠を挿入する

1 レイアウト枠を挿入したい位置
でクリックし、カーソルを移動
します。

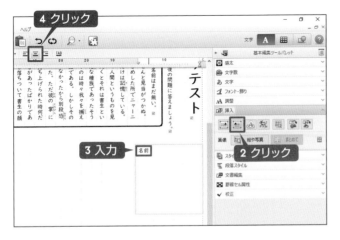

2 [挿入] パレットを開き、■ [レ
イアウト枠（横組）] をクリック
します。

3 レイアウト枠が挿入されるの
で、「名前」と入力します。

4 三 [センタリング] をクリックし
ます。

 5 レイアウト枠の枠線をクリックし、四隅のハンドルをドラッグして大きさを調整します。

MEMO
レイアウト枠を選択状態にすると、画面右側の基本編集ツールパレットは枠操作ツールパレットに切り替わります。

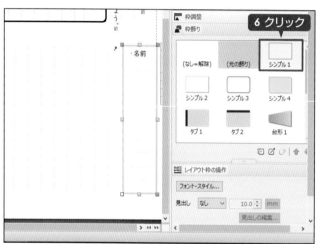

 6 ［枠飾り］パレットを開き、［シンプル1］をクリックします。

MEMO
［枠飾り］パレットの ✐ ［飾り変更］をクリックすると開く［枠飾り変更］ダイアログボックスでは、枠線の線種や色などを自由に設定できます。

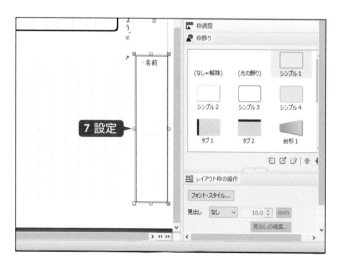

7 レイアウト枠に枠線が設定されました。

5 設問を入力し、解答欄を作成する

設問を入力し、解答欄を作成します。解答欄は、一太郎が得意とする罫線機能で四角形を描いて作成します。設問を入力したら、あとからまとめて連番をふります。

5 - 1 設問と解答欄を作成する

文字入力モードと罫線モードを切り替えながら、設問を入力し、解答欄を作成していきます。モードの切替は、画面右上のモード切替ボタンから行うのが簡単です。

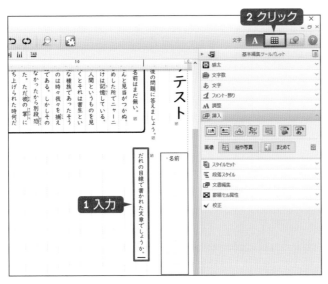

設問を入力し、罫線を引く

1 入力したい位置でクリックし、設問を入力します。

2 ⊞ [罫線開始/終了]をクリックします。

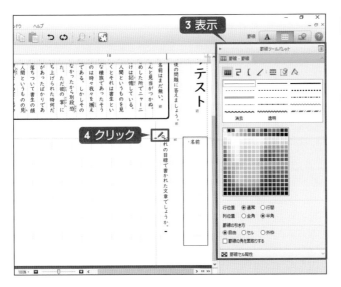

3 罫線モードに切り替わり、罫線ツールパレットが表示されます。

4 罫線の始点にする位置でクリックします。

241

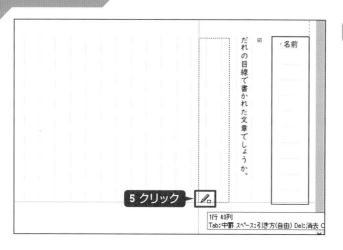

5 終点でクリックします。

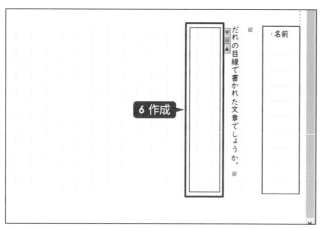

6 罫線で四角形が作成されます。

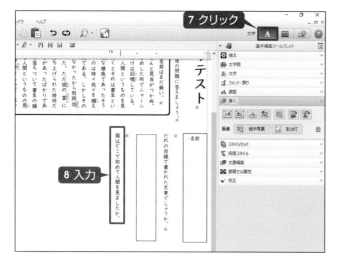

7 [A]［文字入力］をクリックして、文字入力モードに切り替えます。

8 2問目の設問を入力します。

MEMO
キーボードの Esc キーを押しても、文字入力モードに切り替えられます。

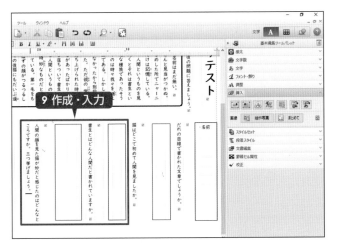

⑨ ②～⑧の手順を繰り返して3問目の解答欄を作成し、4問目の設問まで入力します。

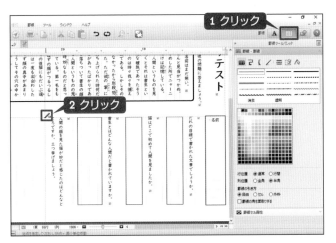

3マスの解答欄を作成する

① ⊞ [罫線開始／終了]をクリックします。

② 罫線の始点にする位置でクリックします。

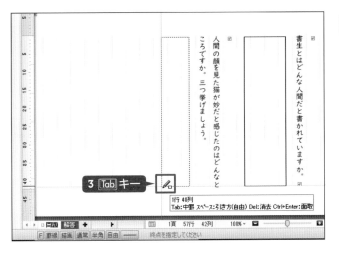

③ 区切り線を引きたい位置までマウスポインターを動かしたら、キーボードの Tab キーを押します。

国語のテスト教材を作ってみよう

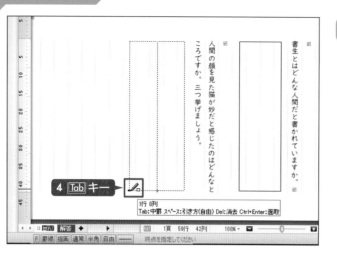

4 区切り線を引きたい位置までマウスポインターを動かしたら、キーボードの [Tab] キーを押します。

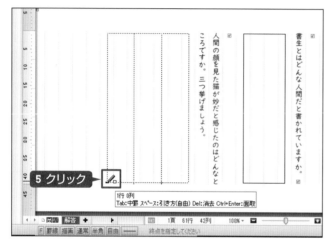

5 終点でクリックします。

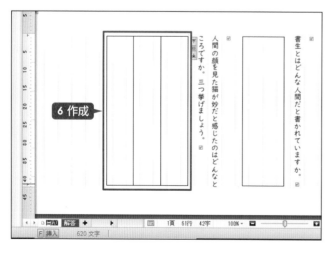

6 3マスの解答欄が作成されました。このあと、 **A** [文字入力] をクリックするか [Esc] キーを押して、文字入力モードに切り替えておきます。

5 - 2 ▶ 設問に連番をふる

設問に①～④までの丸数字で連番をふります。Ctrl キーを押しながらすべての設問の段落を選択し、まとめて連番をふりましょう。

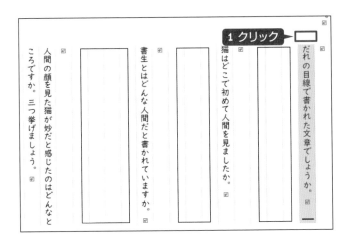

連番をふる

1 行の上をクリックし、1問目の設問を選択します。

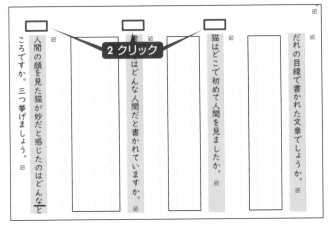

2 Ctrl キーを押しながら、ほかの設問の行の上をクリックし、すべての設問を選択します。

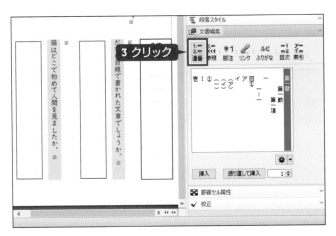

3 [文書編集] パレットを開き、[連番] をクリックします。

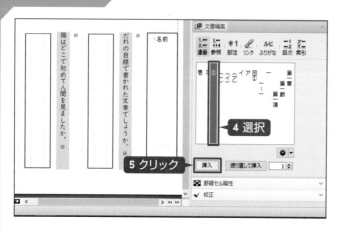

4 ［①］を選択します。

5 挿入 をクリックします。

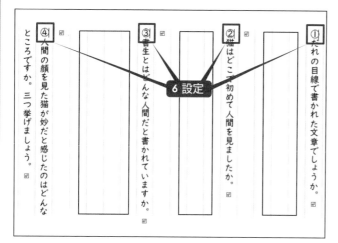

6 連番が設定されました。

HINT

丸数字の部品を使う

［挿入］パレットの ［部品呼び出し］を
クリックする表示される［部品呼び出し］
ウィンドウで「丸数字」をキーワードにし
て検索すると、丸数字の部品が表示され
ます。連番の代わりにこの丸数字の部品
を文書に配置して使うのもおすすめです。

6 ▶ イラストや吹き出しを挿入する

一太郎にはイラストや写真の素材も用意されています。使いたいイラストや写真を検索し、文書に挿入してみましょう。また、一太郎では吹き出しの図形も簡単に挿入できます。あらかじめ文字が入力できる仕様になっており、吹き出しの角の向きも自由に設定できます。イラストと組み合わせて使いましょう。

6 - 1 ▶ イラストを検索して挿入する

テストの内容に合ったイラストを検索して挿入してみましょう。ここでは、猫のイラストを検索して挿入します。

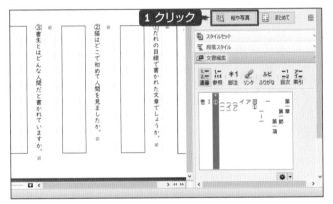

イラストを挿入する

1 イラストを挿入したい位置にカーソルを置き、[挿入] パレットの [絵や写真] [絵や写真の挿入] をクリックします。

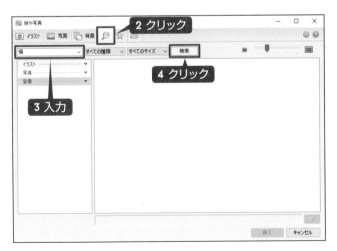

2 [絵や写真] ダイアログボックスが開くので、[検索] タブをクリックします。

3 キーワード（ここでは「猫」）を入力します。

4 検索 をクリックします。

5 一覧から挿入したいイラストを選択します。

6 挿入 をクリックします。

7 イラストが挿入されました。

8 イラストの大きさや位置を調整します。

MEMO イラストを選択し、四隅のハンドルをドラッグすると、イラストの大きさを変更できます。

6-2 吹き出しを挿入する

簡易作図モードに切り替えて、吹き出しを挿入します。吹き出しの中には好きな文字を入力できます。吹き出し内に文字が収まるよう、文字の大きさを調整しましょう。

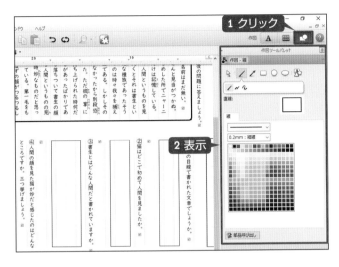

吹き出しを挿入する

1 ![簡易作図開始/終了] をクリックします。

2 簡易作図モードに切り替わり、作図ツールパレットが表示されます。

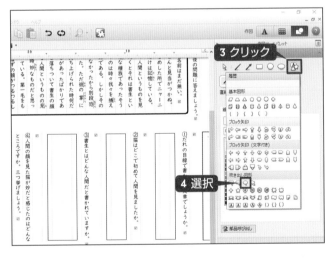

吹き出しを挿入する

3 [作図-線] パレットの![テンプレート図形] をクリックします。

4 一覧から![楕円吹き出し] を選択します。

5 吹き出しの楕円部分の始点としたい位置から終点としたい位置までドラッグします。

6 吹き出しの角の先端にしたい位置でクリックします。

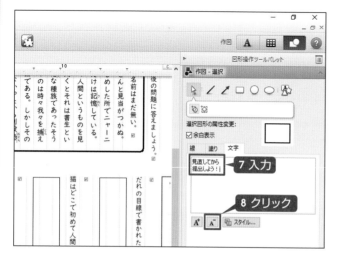

7 [作図-選択] パレットの [文字] シートで文字を入力します。

8 文字が吹き出しに収まりきっていない場合は、文字が収まるまで ▲⁻ [文字を小さく] を数回クリックします。

9 吹き出しの中に文字が入力されました。必要に応じて吹き出しの大きさや位置を調整し、文字入力モードに戻しておきます。

> **MEMO**
> 吹き出し大きさや位置は、あとから自由に変更できます。吹き出しを選択すると自動的に簡易作図モードに切り替わり、吹き出し内の文字も [作図-選択] パレットの [文字] シートであとから変更できます。吹き出しの角の位置は、吹き出しを選択した状態でピンク色のハンドルをドラッグすると変更できます。

7 シートの背景を設定して解答を入力する

問題が一通り完成したら、配布用の解答を作成します。あらかじめP227で作成しておいた「解答」シートに「問題」シートを背景として表示し、解答を入力していきます。この方法で解答を作成すれば、あとから「問題」シートに修正を加えた場合も自動で「解答」シートの背景に反映されるため、「解答」シートで問題部分の修正をする必要はありません。

7 - 1 解答用のシートを編集する

あらかじめ作成しておいた「解答」シートに、「問題」シートを背景として表示させます。背景を表示させる設定をしておけば、「解答」シートに入力した解答と、背景として表示させている「問題」シートの内容を重ねて表示・印刷できます。

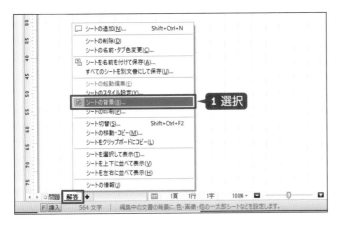

シートの背景を設定する

1. 「解答」シートのタブを右クリックし、[シートの背景] を選択します。

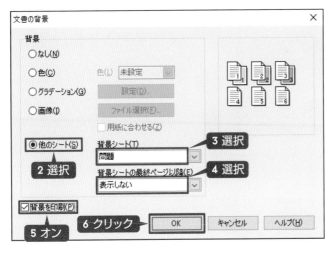

2. [文書の背景] ダイアログボックスが開くので、[背景] で [他のシート] を選択します。

3. [背景シート] で [問題] を選択します。

4. [背景シートの最終ページ以降] で [表示しない] を選択します。

5. [背景を印刷] をオンにします。

6. OK をクリックします。

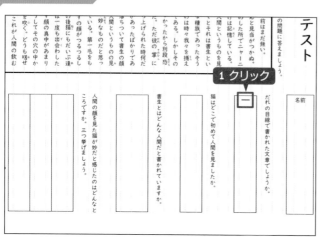

解答を入力する

1 解答を入力したい位置でクリックします。

2 入力したい位置でクリックしながら、解答をすべて入力します。

> **MEMO** 2行にわたる解答を入力する際は、1行分ずつ分けて入力します。

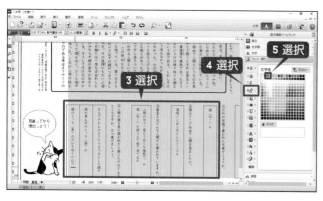

3 すべての解答を選択します。

4 [フォント・飾り] パレットで A [文字色] を選択します。

5 文字色（ここでは赤）を選択します。

> **MEMO** Ctrl + A キーを押すと、すべての解答を簡単に選択できます。

8 問題と解答を印刷する

問題と解答が完成したら、「問題」シートと「解答」シートの両方を印刷します。現在編集中のシートのみが印刷されないよう、すべてのシートを印刷する設定に変更し、一度の操作で印刷を実行しましょう。

8-1 文書を印刷する

初期設定のまま印刷すると、現在編集中のシートのみが印刷されるため、[印刷] ダイアログボックスで印刷範囲を変更してから印刷します。

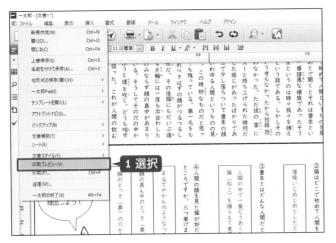

すべてのシートを印刷する

1 [ファイル−印刷] を選択します。

2 [印刷] ダイアログボックスが開くので、[印刷範囲] を [すべてのシート] に変更します。

3 OK をクリックします。

> **MEMO**
> 「解答」シートで背景が背景が印刷されない場合は、背景を印刷する設定になっているか確認し直します。(P251参照)

国語のテスト教材を作ってみよう

索引

内藤由美（ないとう ゆみ／フリーライター）

ジャストシステムを退社後、IT関連のライター・編集者として活動。ソフトウェアの解説本、パソコンやスマートフォンの活用記事などを執筆。日経BP社のムックや書籍の編集も担当。趣味が高じてビリヤード雑誌でも執筆中。

小原裕太（おばら ゆうた／フリーライター）

ガジェット系フリーライター。実務系から趣味系のアプリ、デジタルカメラやスマートフォン、タブレットに関する著作多数。ご連絡は＠obayouまで。

柳田留美（やなぎだ るみ／テクニカルライター）

ソフトウエアの解説書をはじめ、IT系、エンターテインメント系の記事の執筆・編集に携わる。Webコンテンツやメールマガジンの企画・制作分野でも活動中。

まるごと活用！ 一太郎2021 基本＆作例編
2021年2月5日　初版第1刷発行

著者　内藤由美＋小原裕太＋柳田留美
発行人　池田利夫
発行所　株式会社ジャムハウス
〒170-0004　東京都豊島区北大塚2-3-12
ライオンズマンション大塚角萬302号室

カバー・本文デザイン　船田久美子
印刷・製本　シナノ書籍印刷株式会社

ISBN978-4-906768-85-1
定価はカバーに明記してあります。

©2021
Yumi Naito, Yuta Obara
Rumi Yanagida
JamHouse
Printed in Japan